AF445130

Ilustración de portada: *"El milagro de la Cruz de Huatulco"*, obra del artista Daniel Dávila, realizada por encargo del arzobispo Eulogio Gillow en el año de 1904. Se conserva en la Capilla de la Santa Cruz de Huatulco, en la Catedral de Oaxaca.

HISTORIA DE HUATULCO

Juan Arturo López Ramos

 FUNDACIÓN CULTURAL FERNÁNDEZ PICHARDO, A.C.

Fotografía: Arturo Ochoa Canales

Imagen anterior: fragmento de cerámica polícroma perteneciente a la cultura mixteca del periodo postclásico, encontrada en Copalita

A Rebequita, mi bella esposa.

A Regina, mi nieta,
mi nueva plumita de quetzal,
y a mi futuro Juanito,
otro pedacito de jade.

Agradecimientos

Agradezco profundamente a los habitantes de Huatulco su generosa hospitalidad y amistad, así como sus valiosas aportaciones que los hacen protagonistas de esta historia, escrita como un homenaje a esta bellísima tierra de Oaxaca y de México.

También rindo tributo a la memoria de don Luis Castañeda Guzmán, -a quien me presentó el muy estimado señor ingeniero Norberto Aguirre Palancares-, quien fue el primero en interesarme sobre los asuntos de Huatulco y me obsequió una copia de sus títulos primordiales en el año de 1987, que me motivaron a escribir una sencilla historia de este lugar, publicada en 1992.

Gracias a todos los integrantes del Comité para el rescate de la zona arqueológica originalmente llamada *"Punta Celeste"* hoy Copalita, por su valiosísima participación para el éxito de esta misión, que vino a enriquecer en forma extraordinaria el perfil cultural de Huatulco.

Reitero mi afecto y mi reconocimiento al arqueólogo Raúl Matadamas por su confianza, dedicación y perseverancia en el trabajo arqueológico que ha realizado en la Bocana de Copalita, así como por el libro que él y Sandra Liliana Ramírez Barrera escribieron sobre Huatulco. Mi gratitud personal a la Fundación Cultural Fernández Pichardo por su invariable apoyo.

Entre los pioneros del renacimiento de Huatulco existen mujeres y hombres muy valiosos que decidieron unir su destino al de este bellísimo centro turístico y entregaron su esfuerzo, dedicación y voluntad para hacerlo florecer. Ante la imposibilidad de mencionar a todos, cito como ejemplo de entrega y perseverancia de los fundadores, al apreciado matrimonio de don Adolfo García Minutti y Cecilia Flores.

Finalmente, ofrezco esta información a la población de Huatulco para refrescar nuestra memoria histórica, profundizar en nuestras raíces y encontrar en la enorme riqueza de nuestro pasado, inspiración para vencer los desafíos del porvenir. Al preservar lo que somos, al apreciar lo que hemos sido, al conservar lo nuestro, contribuimos a enriquecer el concierto de la cultura universal.

Juan Arturo López Ramos

Historia de Huatulco

Existe una oculta y fascinante historia milenaria atrás de este bellísimo e innovador centro turístico integralmente planeado, que ha sido desde siempre, en todos los tiempos, un lugar cosmopolita, un espacio de sueños y aventuras, un sofisticado cruce de caminos y encuentros de personas de diferentes idiomas y regiones.

En la antigüedad, a lo largo de tres mil años, convergieron aquí zapotecas, huaves, chontales, mixtecos, nahuas, toltecas, mayas, incluso incas, en esta región del *Cem Anáhuac, -la que está entre las aguas divinas-,* los dos océanos, ahora conocida como Mesoamérica, debido a que en esa remota época, Huatulco fue el puerto más importante para la exportación de textiles, colorantes y mercancías de esta zona hacia Centro y Sudamérica, aprovechando las corrientes marítimas del océano pacífico, que permitió, de regreso por esa misma ruta, importar el conocimiento de la orfebrería y el trabajo de los metales preciosos, en los que destacaron los magníficos orfebres mixtecos, que produjeron las más bellas joyas del México antiguo.

En 1984, cuando se inició la construcción del actual desarrollo turístico de Huatulco, el Instituto Nacional de Antropología realizó un recorrido de superficie para identificar, catalogar y proteger los sitios arqueológicos comprendidos dentro de sus 21 mil hectáreas de superficie.

Este programa abarcó desde el aeropuerto hasta la bahía de Tangolunda y se identificaron 74 sitios arqueológicos, que hablan de la elevada densidad de población de Huatulco en la antiguedad. El trayecto del INAH no llegó hasta el río Copalita y por lo tanto, no catalogó el destacado y extenso sitio arqueológico junto a *La Bocana*, al pie y en lo alto de una colina con un acantilado frente al mar, rodeado por el caudaloso río Copalita, que le confiere un emplazamiento de belleza inigualable, motivo por el cual los habitantes decidieron formar un patronato para rescatar esta monumental zona arqueológica, con las siguientes ventajas: Primero el propio valor patrimonial y cultural de esta extraordinaria ciudad arqueológica, que tiene el juego de pelota mas próximo al mar encontrado hasta la fecha y que también cuenta con otro rasgo relevante: contiene escritura, encontrada en vasijas y lápidas, que entre otras cosas, mencionan al señor *Tres Lagarto*. La segunda es su invaluable posición estratégica, por su cercanía a través de carretera pavimentada, a los excelentes servicios turísticos que ofrece Huatulco a los viajeros del mundo.

En 1995 fui designado delegado de gobierno en Huatulco y el presidente municipal José Humberto Cruz Ramos, amablemente organizó una reunión de bienvenida a la que invitó a destacados empresarios, como don Ernesto

Tostado, don Adolfo García Minutti, el Ing. Juan Maurer y otros, en el restaurante de don Chano, ubicado precisamente en *La Bocana* del río Copalita.

En la conversación, surgió el tema que en el monte al lado del restaurante, había muchos metates viejos y restos de cerámica que hablaban de una ocupación milenaria, por lo que nos pusimos de acuerdo con el presidente municipal y posteriormente hicimos un recorrido que me dejó maravillado.

Bajo el intenso calor y radiante cielo de Huatulco, subimos al monte y en la cumbre advertimos hileras de piedra que parecían delimitar grandes terrazas ó antiguos basamentos de pirámides. Encontramos multiples metates y *manos*[1] rotas. Al iniciar el descenso, topamos por causalidad con un deposito de cientos de fragmentos de cerámica enterrados, que por los deslaves, afloraban a la superficie.

Este interesante depósito pudo haberse originado por dos causas: la primera es la *ceremonia del fuego nuevo* que se realizaba cada 52 años y como cuentan las crónicas, las familias destruían sus enceres domésticos, y si por el favor de los dioses aparecía nuevamente el sol al amanecer, iniciaba para ellos un nuevo ciclo de vida y renovaban completamente sus utencilios.

La segunda es que fuese debido a una enfermedad o epidemia. Exploraciones del árqueólogo Raul Matadamas indican que la sífilis atacó Copalita en 1522, cuando Pedro

---

[1] Complemento indispensable del metate, para moler.

de Alvarado cruzó la región. Esta u otra enfermedad pudo haber ocasionado una amplia mortandad entre las familias, y los sobrevivientes destruyeron sus pertenencias para evitar mayor contaminación. Ahí, sobre el terreno, encontré un pequeño pedazo de cerámica en el que se advierten las fauces de una serpiente, -cuya imagen aparece en las primeras páginas de este libro-, pero más importante aún, como testimonio que existió en el postclásico en Copalita la afamada cerámica policroma mixteca, considerada la más fina de Mesoamérica, con preeminencia incluso sobre la bellísima cerámica maya o sobre la preciosa cerámica teotihuacana, como afirma Paul Westheim [2].

Esta cerámica dió trascendente fama a los artistas mixtecos, es sumamente delgada, con brillantes colores y representa el máximo logro de la cerámica mesoamericana. Un artista contemporáneo, José Luis García, considerado por la revista *México Desconocido* entre quienes han innovado la cerámica mexicana en los ultimos 100 años, se ha declarado incapaz de reproducir estas piezas mixtecas.

Este gran artista produce una bellísima cerámica que utiliza los colores naturales de la tierra, con un acabado pulido con piedra de jade, brillante y verdaderamente hermoso, pero confiesa que el no tiene la tecnica de sus antepasados mixtecos, y a pesar de que conoce de hornos modernos y sofisticados controles de temperatura, para él sería imposible mantener en pie estas vasijas mixtecas antes de cocerlas, porque el equilibrio de humedad para que no se

---

[2] "La cerámica del México antiguo". UNAM. 1962. Paul Westheim.

parta el barro y para que conserve ese delgado grosor requiere una técnica extraordinaria, que él desconoce[3].

Este reconocimiento del artista José Luis García es un homenaje contemporáneo a la grandeza de los antiguos artistas mixtecos.

En su ultima etapa antigua Huatulco estuvo sujeto al señorío mixteco de Tututepec, por lo que vale la pena recordar otro ejemplo de la extraordinaria capacidad técnica de los artistas mixtecos, pues una reacción similar tuvo el máximo exponente del renacimiento alemán, Alberto Durero, cuando admiró las joyas de oro y plata que Cortés envió al rey de España, -hechas con la magnífica técnica a la cera perdida que la orfebrería mixteca importó de sudamérica-, ya que el célebre artista alemán también se declaró incapaz de dominar la técnica para reproducirlas.

Para Huatulco la restauración de esta zona arqueológica vendría a completar su esplendoroso perfil: tiene algunas de las más hermosas playas de México; un clima estupendo con mas de 300 días de sol, y a diferencia de otras partes del país o del mundo donde el agua de mar es fría, en Huatulco su temperatura es ligeramente tibia, como suave caricia para los bañistas que se sumergen en la cristalina belleza de su mar.

El rescate, protección, restauración y difusión de nuestras profundas raíces culturales, es soporte para enriquecer su

---

[3] Conversación con el artista José Luis García en *Villa Oaxaca*, mayo 2017.

propia y vigorosa identidad cultural, esencia valiosísima para generar diseños originales de ropa, arte, arquitectura, gastronomia, artesanias, joyeria, y con ello más empleos, ingresos y derrama económica para amplios sectores de la población.

Con estas consideraciones se formó un patronato que estuvo integrado por las señoras Cecilia Flores de García Minutti, Elva Medina de Estavillo, Gracia Rebeca Tapia Jara, Teresa de Tostado, Herme García, Patricia Saad y otras distinguidas damas, presidido por el empresario Ernesto Tostado, que realizaron tareas de promoción y actividades concretas para recaudar fondos para el rescate de esta zona arqueológica. Entre ellas, se realizó una cena-concierto con boleto pagado con la orquesta sinfónica del estado, cuya presentación estuvo a cargo del director Javier García Vigil y que fue todo un éxito en Huatulco; también se subastaron objetos obsequiados por comerciantes y hoteleros; un festival gastronómico y otras actividades con las que se reunió un pequeño fondo mediante el cual se invito a Huatulco a los entonces dos presidentes consecutivos del Consejo Nacional de Arqueología: Norberto González Crespo y Joaquín García Bárcena.

1995. Visita del Comité a la zona arqueológica inexplorada

El primero de ellos, al ver todas las ventajas que significaba la restauracion de este sitio arqueológico por su importancia intrínseca y por su estratégico emplazamiento dentro de un centro turístico, autorizó que se llevaran a cabo las exploraciones; sin embargo, el presidente fue relevado, por lo que se invitó al nuevo presidente del Consejo Nacional de Arqueología, quien afortunadamente dictaminó que el proyecto era sumamente favorable y autorizó nuevamente al Instituto Nacional para llevar a cabo la restauración.

Despues de titubeos, dudas y aún de la oposición inicial de Fonatur, raro porque esta institución siempre ha apoyado en todo a Huatulco, finalmente tomó la dirección y el financiamiento del proyecto en sus manos y después de años de exploraciones, hoy es una bella realidad.

Durante la visita al sitio arqueológico, se disfruta también el museo de sitio, cuya museografía es estupenda, con la exhibicion de preciosas piezas de arte antiguo e informacion sobre el contexto cultural de esta milenaria ciudad, en cuya parte explorada sobresale la pirámide mayor y el juego de pelota, así como el precioso parque ecoarqueológico ahí acondicionado, con maravillosas vistas desde el acantilado hacia el mar y al río Copalita, en un ambiente tropical lleno de misterio y belleza.

En temporada, en los alrededores hay recorridos en balsa, paseos a caballo, baños curativos de lodo y pequeños restaurantes que ofrecen frutos de mar y tierra, preparados con los secretos de la cocina local, entre ellos, los deliciosos langostinos, aquí llamados *chacales*, provenientes del caudaloso río Copalita, cuyo espléndido sabor tiene la virtud de transportarnos al cielo.

En algunas personas reinaba la incredulidad sobre la existencia de esta zona arqueológica, a tal grado, que cuando iniciába la promoción de su rescate, un periodista local aventuró y escribió el siguiente comentario:

“El ingeniero Juan Arturo López Ramos está construyendo en Copalita unas pirámides con apariencia de antiguas, para engañar a los ingenuos turistas que llegan a Huatulco”.

Las fuentes históricas disponibles sobre Huatulco confirman su carácter cosmopolita. A la llegada de los españoles Huatulco dependía del reino mixteco de Tututepec[4], pero a pesar del dominio mixteco, los nombres de los pueblos de la zona están en zapoteco y náhuatl; Huatulco está en el límite de la region chontal, pero así mismo registra influencia huave y por otra parte, Brockingan indica que hay presencia maya, ahora corroborada mediante las exploraciones realizadas en Copalita, que muestran tambien influencia teotihuacana, olmeca y de Monte Albán, además de los intercambios con centroamérica y sudamérica, que confirman una presencia multicultural de gran importancia.

---

[4] Relaciones geográficas de Huatulco.1579.

Época antigua

Para comprender la importancia de Huatulco en la antigüedad, dentro de su contexto regional, es necesario recordar que la gran civilización mesoamericana, junto con las de China, Mesopotamia, Egipto, la India y el imperio Inca, forma parte de las seis civilizaciones originales de la humanidad y una de las más asombrosas del planeta: Mesoamérica descubrió el cero antes que nadie; inventó el calendario más exacto de su tiempo; desarrolló sistemas de selección genética domesticando el maíz y el 75% de las plantas que alimentan actualmente al mundo; creó arquitectura monumental y sobre todo, una profunda filosofía, plena de valores humanistas centrados en la armonía entre el hombre, el universo y la naturaleza, así como en las necesidades de la comunidad, antes que las individuales.

El conjunto de investigaciones y exploraciones de los últimos cincuenta años en el valle de Oaxaca, indican que los zapotecas, no los olmecas como nos enseñaron en la escuela, fueron con sus formidables hazañas culturales, los actores centrales en esta evolución y quienes forjaron los ejes rectores que dieron origen a la deslumbrante civilización mesoamericana. En un área cercana a *Mitla* se ha localizado el campamento nómada con delimitación de espacios rituales más antiguo de Mesoamérica, llamado *Geo-Shih*, fechado alrededor de 7 000 años a.C.

El valle de oaxaca registra los testimonios mas antiguos de la domesticación de las plantas de maíz, chile, frijol y calabaza, y con el inicio de la agricultura, los zapotecas impulsaron la crucial transición de nómadas a sedentarios, motivo por el cual la Unesco en julio del año 2010 reconoció la zona donde se encontraron estos vestigios, entre *Yagul* y *Mitla,* como Patrimonio de la Humanidad, porque ahí se conservan los testimonios más antiguos del inicio de la civilización en el continente americano, declarando textualmente:

UNESCO.ORG/ES/LIST/1352: Situado en el Valle de Tlacolula, en el Estado de Oaxaca, este sitio comprende dos conjuntos de vestigios arqueológicos prehispánicos y una serie de cuevas prehistóricas y refugios rocosos. En algunos de estos refugios se han encontrado restos arqueológicos y vestigios de arte rupestre que son testimonios de la vida de los primeros agricultores sedentarizados. En la cueva de Guilá Naquitz se han hallado semillas de cucurbitáceas de 10.000 años de antigüedad, que constituyen los restos más tempranos de plantas domesticadas descubiertos hasta la fecha en el continente americano, así como fragmentos de espigas de maíz que son uno de los más antiguos testimonios de la domesticación de esta planta. El paisaje cultural de las cuevas de Yagul y Mitla pone de manifiesto el vínculo entre el hombre y la naturaleza que dio lugar a la domesticación de las plantas en la América Septentrional y abrió paso al desarrollo de las civilizaciones mesoamericanas.

Escena superior: pareja de gobernantes que beben chocolate en la ceremonia de su matrimonio.

Eminente aportación de los oaxaqueños es la invención de la escritura. Solo tres lugares en el mundo han producido escritura autónoma: China, Mesopotamia y el valle de Oaxaca. Los testimonios más antiguos de la escritura en América se dan en Oaxaca alrededor del año 600 antes de Cristo, junto con el calendario zapoteca, -el más antiguo de Mesoamérica-, cuya estructura fue utilizada posteriormente por otros pueblos mesoamericanos como los mayas, los mixtecos o los aztecas, con algunas variaciones.

La importancia de la escritura zapoteca está en lo que los estudiosos denominan zapoteco epigráfico, que es la unión de un grupo de inscripciones estructuradas por un procedimiento logo-fonético, donde es posible usar un carácter individual, que a su vez es capaz de reproducir cada sílaba del lenguaje, permitiendo simbolizar y expresar ideas y sonidos.

Este uso logo-fonético, de jeroglíficos y otros símbolos, hicieron que el pueblo zapoteca creara, al igual que los mayas, un método de escritura considerado en la actualidad, como completo. A diferencia de la zona olmeca donde prácticamente no se ha encontrado escritura alguna, en la zona zapoteca existen cientos de estelas grabadas con su escritura, que se mantuvo vigente mil quinientos años. Escribieron también en códices de piel y tela, huesos de animales, madera, arcillas y vasijas, entre otros materiales.

Para culminar esta serie de aportaciones fundamentales para la formación de la civilización mesoamericana, en el valle de Oaxaca se produjo un fenómeno llamado *sinoicismo*, ocurrido en otras partes del mundo, donde decenas de pequeñas comunidades del valle, en el año 400 a.C., decidieron subirse a la montaña sagrada y construir en ella una ciudad que nunca fue pequeña, porque desde el principio se planificó y construyó como una gran ciudad, la primera ciudad-estado mesoamericana: Monte Albán.

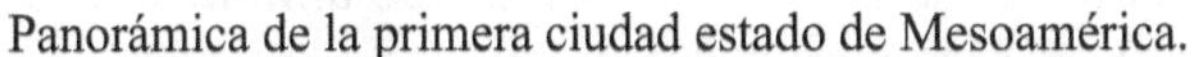

Panorámica de la primera ciudad estado de Mesoamérica.

Huatulco estuvo en el área de influencia de este gran centro irradiador de cultura y durante el esplendor de Monte Albán, se erigieron en la región puntos fortificados que revelan rutas comerciales y existieron en la zona señoríos zapotecos que mantuvieron intercambios con mixtecos, chontales, huaves, chatinos y posteriormente con nahuas, mayas e incas, pero entre todos ellos:

¿Quienes fueron los habitantes fundadores de Huatulco?

El historiador oaxaqueño Manuel Martínez Gracida refiere que hacia 731 de nuestra era, los caciques de Amatlán, Miahuatlán y Coatlán pusieron a disposición de *Biciagache* un total de 4,500 guerreros con el objeto de conquistar Huatulco ocupado por chontales, que tras ser hostilizados por el ejército zapoteco fueron expulsados hacia *Ecatepec,*

-Cerro del aire- y *Guiegolani, -Piedra tallada-,* ahora Santa María Quiegolani[5]. Con la captura del puerto, los zapotecas se posesionaron de los territorios del oeste y fundaron Pochutla, Loxicha y Tonameca, hasta confinar con el reino de Tututepec.

El hallazgo en Copalita de una lapida con el nombre de un gobernante, el señor *3 Lagarto*, mítico animal fuertemente vinculado a la cosmogonía chontal, así como documentos coloniales que refieren *"que ellos desde siempre habían aprovechado el caracol purpura de Huatulco"* parecen confirmar una ocupación chontal primigenia.

La fecha ofrecida por Martínez Gracida, 731 d.C., sitúa esta conquista zapoteca en pleno esplendor de Monte Albán, y así, Huatulco queda bajo su dominio hasta que la expansión mixteca, iniciada a finales del siglo XI, presiona a los zapotecas del valle de Oaxaca y a sus posiciones en la costa, como señalan las Relaciones Geográficas, al informar que a la llegada de los españoles, Huatulco estuvo sujeto al señorío mixteco del cacique de Tututepec, a quien tributaban oro en polvo y mantas de algodón.

Tututepec alcanzó su máxima importancia al inicio del post-clásico mesoamericano en el siglo XI, bajo el mandato del más famoso, popular y poderoso de los monarcas mixtecos: *8 Venado Garra de Jaguar*, que unificó a los señoríos de la mixteca alta y de la mixteca de la costa y

---

[5] Manuel Martínez Gracida. Historia antigua de la chontalpa oaxaqueña, 1910.

construyó un sólido imperio a través de brillantísimas campañas militares, en las que incursionó en el valle de Puebla, en el altiplano central, en las costas de Oaxaca y del Golfo, e incluso brindó importantes auxilios a su contemporáneo el rey de Tula, *4 Tigre* quien lo recibió en esa ciudad y en señal de reconocimiento, le otorgó el más alto rango, el de *Tecutli* o Gran Señor.

Por otra parte, sin dar fechas, don Fernando de Alba Ixtlixóchil, relata una migración que tuvo fuertes repercusiones en Huatulco *"...saliendo los toltecas de su patria, pasaron por California, cruzaron la mar de Cortés, tocaron las costas de Jalisco y desembarcaron en Huatulco..."* para después trasladarse a *Tochtepec*, hoy Tuxtepec, y de ahí a Tulancingo, antes de fundar la majestuosa ciudad de Tula, que sería la sede del gran imperio Tolteca.

Gutierre Tibón complementa esta idea, aunque en época distinta, porque al referirse a uno de los últimos caciques de Tututepec, dice:

"Coatxintecutli; venerable Señor Serpiente, se enorgullecía de descender de los toltecas y conservar ufano su nombre náhuatl, señalando además que, en el siglo XV, en sus dominios había una ciudad en la que aun se hablaba náhuatl: el puerto de Huatulco. Se trataba desde luego, de un náhuatl antiguo, pero un huatulqueño podía entenderse perfectamente con un azteca de Tenochtitlán..."

Otros factores relevantes de esta plurietnicidad, fueron las migraciones provocadas por el derrumbe del imperio tolteca a partir del siglo X, la expansión mixteca ya comentada, asi como la inestabilidad de la región a partir de 1452, por las constantes disputas y frecuentes guerras entre mixtecos, zapotecos y aztecas, sin faltar efímeras alianzas entre dos de ellos contra el tercero.

Después del ocaso de *Dani Beedxe* (Monte Albán), de la posterior división del reino zapoteca en pequeñas unidades políticas, los *binnizá* (zapotecos), comenzaron a reagruparse en torno a Zaachila, pero la pujanza, la presión y el dominio de los mixtecos sobre los valles centrales, provocaron en 1452 la huida de su *coqui* o señor llamado *Cosijopí*, -*Rayo de viento*-, hacia el Istmo, quien con su ejercito encabezó la conquista de esta rica llanura, desplazando a los pueblos huaves, chontales y zoques, y tomando para sí su principal ciudad, *Tehuantepec*, -*el cerro del jaguar*-, con sus famosas minas de sal.

Estas conquistas fueron sumamente importantes para los zapotecas, quienes avanzaron tambien sobre las ricas tierras del *Soconusco* y con ello, alcanzaron el dominio y control del comercio de cacao, jade y plumas preciosas con los pueblos del sur, dueños tambien de grandes culturas. Pero por otra parte, con la huida de *Cosijopí*, los zapotecos se quedaron unicamente con el bastión de *Teozapotlan* o Zaachila y ante ello, los mixtecos sometieron a todos los pueblos de los valles centrales de Oaxaca. *"Si Mitla y Teitipac tributaban a los mixtecos, señal es que todos los demás también..."*, dice la Relación Geográfica de Cuilapan del año de 1578.

Para infortunio de ambos, zapotecas y mixtecas, casi al mismo tiempo empezó la vertiginosa expansion del imperio azteca: en 1461 cayó Coixtlahuaca y Raúl Matadamas consigna que *Moctezuma Ilhuicamina,* cuyo nombre significa Flechador del cielo, *-sus flechas traspasan el corazón de las estrellas-*, conquistó también el pueblo de Huatulco, extendiendo su fortaleza hasta Pochutla. Jorge Fernando Iturribarría registra una siguiente invasión azteca, dirigida por *Axayácatl*, sucesor de *Moctezuma Ilhuicamina*, quien incursionó en la zona de Tehuantepec, venció a las fuerzas conjuntas chontales y huaves en su camino a la costa, alcanzando Huatulco por el sur. Pese a estos logros -señala el historiador-, las huestes aztecas no intentaron nada en contra de los zapotecas de Zaachila, ni contra los mixtecos de Tututepec.

Tízoc en sus breves campañas, tomó Yanhuitlan; *Ahuízotl* realizó cuatro campañas a través del estado de Oaxaca hasta la costa. Por el poniente logró subyugar parte de la costa chica, entre los señoríos independientes de Yopitzinco y Tututepec, y por el oriente abrió un corredor a través del Istmo hasta el mismo Tehuantepec. Pararon, sin embargo, sus otras dos campañas en el corazón del Estado, en Putla y en Cuilapan, en 1502, donde dejó establecidas sus guarniciones de avanzada, cuando ocurrió el advenimiento de *Moctezuma Xocoyotzin.*

Moctezuma fue destinado a conquistar casi todo Oaxaca; su primer señorío capturado, ya durante pleno apogeo tenochca, con sus aliados reducidos a una categoría secundaria, fue *Achiutla*, famosísimo santuario mixteco, en el año *12 pedernal* equivalente al año cristiano de 1504; *Sosola* en 1506, *Nochixtlan* en 1507. Cita Ixtlilxóchitl que en ese año de 1507 también hubo guerra con la provincia de Tututepec.

En 1512 *Moctezuma* anexó Miahuatlán al imperio tenochca, cuya frontera occidental se extendía hasta la sierra chontal con Ozolotepec. La posición estrategica y la riqueza del Istmo exacerbaron la codicia del creciente imperio que determinó conquistar en definitiva estas tierras. Ante este nuevo embate, los zapotecas pidieron ayuda a los mixtecos y juntos lograron resistir en *Guiengola,* durante más de 7 meses, el asedio de las fuerzas enemigas, que ante la imposibilidad de vencerlos, determinaron hacer una alianza a traves del matrimonio de *Coyolicatzin, -copo de algodón-* hija del emperador azteca, con el coqui zapoteca *Cosijoeza* y con ello, consiguieron paso franco para sus mercaderes y tropas hacia centroamérica.

Las continuas invasiones aztecas reafirmaron la presencia de hablantes de náhuatl en Huatulco. Inmerso entre las dísputas de tres de las más relevantes culturas de mesoamérica, zapoteca, mixteca y azteca, el puerto de Huatulco por la excelente protección que ofrecía a las embarcaciones, por su estratégica ubicación geográfica, por la existencia de las corrientes marítimas a lo largo de la costa del Pacífico, por la riqueza y belleza de los productos mesoamericanos y por su densa población multiétnica, se convirtió en el puerto más importante de comercio del México antiguo con centroamérica y con el imperio Inca. El reciente hallazgo de la estructura del faro prehispánico encontrado por Raúl Matadamas, debajo de la piedra conocida como *del sacrificio*, en la zona arqueológica del río Copalita, confirma la importante tradición marítima de Huatulco.

En este interesante contexto, destaca la determinante influencia que tuvieron los mixtecos[6] en el puerto, primero como herederos de la cultura zapoteca, misma que se esforzaron en conservar y en segundo lugar, porque la enriquecieron con sus particulares aportes: la creación de la cerámica mas bella, polícroma y brillante; la elaboración de joyas preciosas de oro y plata, el trabajo inigualable del cristal de roca, la hechura de los libros mas hermosos de la antigüedad mexicana, la producción de telas de algodón y los bellísimos diseños de sus textiles, asi como el descubrimiento de los colores del caracol purpura, el azul añil y la grana cochinilla, entre otros valiosos bienes suntuarios, altamente demandados por las élites, que dieron motivo al florecimiento del comercio con los mayas y los incas.

Por otra parte, las finas culturas del sur que culminaron construyendo el legendario imperio Inca, también hicieron grandes aportaciones a las culturas mesoamericanas, en arte, cerámica, textiles y prendas de alpaca, asi como las aportaciones de la papa, el camote, el ceviche, el trabajo de

---

[6] Miguel León Portilla me comentó personalmente (1996), al referirle mi ascendencia mixteca: *"mixteco es sinónimo de tolteca; significa creador, artista, escriba, artífice..."*

la chaquira, del bronce y los metales preciosos de oro y plata, incluyendo la extraordinaria técnica de fundición de joyería a la cera perdida que llegó a Mesoamérica entre los años 600 a 800 después de Cristo. (Hosler 2002).

Sus grandes navegantes desarrollaron conocimientos para viajar largas distancias, -incluso hasta las islas polinesias que conservan diversos testimonios de su presencia e influencia-, por la ventaja de contar con favorables corrientes marítimas, por el uso de sus arboles de madera *balsa*, bambúes y cañas, pero, sobre todo, por el inteligente desarrollo de una técnica mixta de velas y tablas usadas como quillas, para dominar el empuje, la estabilidad y la dirección de sus embarcaciones. Sus barcazas eran *inhundibles,* construían sobre una enorme plataforma hecha con troncos de madera *balsa,* una casa elevada con una estructura de bambú y cañas, cuyos techos protegían a la tripulación y a la mercancía del sol e inclemencias del tiempo, y sus paredes servían también para apoyar las velas. Cuando los europeos las admiraron por primera vez, elogiaron su técnica y dijeron que, si estas se hubiesen usado en el viejo mundo, se habrían evitado multitud de naufragios.

Ellos llevaron de regreso productos mesoamericanos como el maíz, textiles de algodón bellamente bordados, colores como la grana cochinilla y el azul añil de Oaxaca, perlas y conchas *Spondylus* de las costas de Colima y Nayarit y aún turquesas que venían del lejano oeste americano, pero Huatulco agregó su propia gran aportación: textiles teñidos por un color extraordinario, que se cuenta entre las grandes leyendas y portentosos descubrimientos de los antiguos mexicanos: el hermosísimo tinte del caracol púrpura.

En 1526 el piloto mayor de la mar del sur, Bartolomé Ruiz, uno de los primeros navegantes españoles en Sudamérica, encontró frente a las costas del actual Ecuador, una embarcación con 20 hombres a bordo, que cargaban telas ricas y joyas de oro y plata para comerciarlas por conchas blancas y rojas. Las crónicas[7] describen:

"…Un navío que hacia un gran bulto…que parecía vela latina… la manera de este navío era de muy gruesos maderos reatados fuertemente con reatas recias de henequén…traían muchas piezas de plata y oro para el adorno de sus personas, para hacer rescate con aquellas con quien ellos iban…en que intervenían coronas y diademas y puñetes y cintos y armaduras, como de piernas y petos y cascabeles y sartas de mazos de cuentas y espejos guarnecidos de la dicha plata, y otras vasijas para beber. Traían muchas mantas de algodón, camisas y otras muchas ropas todo lo mas de ello muy labrado, de labores muy ricas, de colores de grana y carmesí y azul y amarillo, y de todos otros colores de diversas maneras de labores e figuras de aves, animales y pescados y arboledas y traían unos pesos chiquitos de pesar oro como de hechura romana y otras muchas cosas; en algunas sartas de cuentas venían algunas piedras pequeñas de esmeraldas y cazadonias y otras piedras y pedazos de cristal y todo esto traían para rescatar por unas conchas de pescado de que ellos hacen cuentas coloradas y blancas que traían el navío casi cargado de ellas…"

---

[7] Relación de Sámano-Xeréz. (1527) Edición 1967.

Relatan también que encontraron pueblos del imperio inca altamente civilizados, *"muchos de ellos tienen tres mil casas muy bien ordenadas"*

Llama la atención el intercambio de mercancías y de bienes culturales ligados estrechamente a Huatulco, como los colores de la grana cochinilla, el azul añil y el *carmesí* o púrpura de Huatulco, las mantas de algodón bellamente tejidas como todavía se hacen en la actualidad en Oaxaca, asi como el cristal de roca y el barro negro, mencionado en otras fuentes.

En algunos entierros *Huancavila* encontrados en *Loma de cangrejitos* Ecuador, se hallaron hachas de cobre que se utilizaban como moneda, igual que en Oaxaca. Zarate relata que en la isla de *Puná* frente a Guayaquil, había muchas embarcaciones, vestían una túnica corta sin mangas y una tela blanca que utilizaban a manera de pañal, el famoso *maxtlatl* utilizado en Mesoamérica.

Ejemplar del caracol púrpura sobre algodón teñido con su bellísimo tinte.

Los hombres y las mujeres usaban muchos anillos y joyas de plata y oro; relata que comían también en platos y vasos de oro y plata. Se registra que la gente de *Pasao* era guerrera y acostumbraba ceremonias estilo *Xipe-Totec*, -nuestro señor el desollado, el que renace-, ritual de origen eminentemente mixteco, porque ellos también *viraban la piel* de los muertos. Se han encontrado allá y en Oaxaca, trompetas de caracol, turquesas, obsidiana, lapislázuli, entre muchos otros elementos culturales comunes.

El famoso caracol púrpura, llamado por su nombre científico *Plicopurpura pansa*, es especie emblemática del Parque Nacional de Huatulco y aunque se distribuye a lo largo de buena parte del Océano Pacífico, es aquí donde crece con mayor abundancia y donde el caracol ha sido mejor aprovechado por los chontales y los mixtecos desde tiempos ancestrales, hasta nuestros días.

Este molusco vive entre las rocas, donde revientan las olas del mar y quienes lo capturan deben vencer el peligro del vaivén de las olas, para que no los arrastren al mar. Con cuidado, estimulan la panza del caracol, que al defenderse, expulsa un líquido blancuzco que sufre un proceso de oxidación a los rayos del sol y cambia rápidamente de color, cruzando los amarillos, verdes, rojos, azules, hasta desembocar finalmente en el bellísimo color púrpura,[8] tan apreciado en los textiles. Con un milentario sentido de consideración y admirable armonía con la naturaleza, los mixtecos, después de extraerle la tinta, colocan el caracol en una hendidura entre las rocas húmedas, para protejerlo, porque queda debilitado y puede morir a manos de los depredadores.

Los mixtecos respetan profundamente el ciclo de vida del caracol, su periodo reproductivo; identifican hembras y machos, conocen el momento adecuado, en *la plenitud de luna llena*, para ordeñar el molusco, entre octubre y febrero. Su preparación incluye un ceremonial de varios días de ayunos, abstinencias sexuales, largas oraciones y sentidas

---

[8] *El artista que pinta con su sombra*. José Luís García al notar que el color cambia con el sol, impregnó papel con agua de mar y usó el tinte del caracol, ocultando con su sombra los rayos del sol, para fijar sólo el color que escogía en ese momento.

plegarias, antes de realizar largas caminatas desde sus comunidades hasta el parque Nacional de Huatulco, donde todavía hoy, en una milenaria tradición que sigue viva, llegan los tintoreros de Pinotepa de Don Luis en busca del legendario caracol púrpura.

En Copalita se aprecian dos conjuntos arquitectónicos, uno en la parte baja donde está el juego de pelota con otros edificios y otro inexplorado en la parte superior de la montaña, con una vista espectacular, donde está otra área ceremonial, con grandes basamentos.

Hasta ahora, el único sitio arqueológico estudiado a profundidad es Copalita, en el cual Matadamas encontró evidencias de ocupación de diversas poblaciones desde el preclásico tardío 400 a.C. hasta el postclásico, con tradiciones cerámicas artesanales que siguen los patrones estilísticos del momento histórico. La disponibilidad del caracol púrpura y la gran cantidad de malacates encontrados denotan también una importante actividad textil y las relaciones de intercambio son múltiples, entre ellas de *palmas*, que evocan el conjunto de *hachas-yugos-palmas* del sur de Veracruz.[9]

En la parte baja, la pirámide mayor mide 70 metros de ancho por 80 metros de largo y altura superior a 20 metros,

---

[9] Raúl Matadamas Díaz y Sandra Liliana Ramírez Barrera. *Antes de Ocho Venado y después de los piratas. Arqueología e historia de Huatulco.*

construcción monumental que como se dijo, registra varias influencias arquitectónicas; de forma que la propia construcción de la pirámide mayor ratifica la escencia cosmopolita y pluriétnica de Huatulco.

En esta secuencia informativa, vale la pena recordar la visita en el año de 1859 del norteamericano John McLeod Murphy a Huatulco, que cita en su libro *Viaje al Istmo de Tehuantepec* el francés Charles Brasseur, en la cual realizó el levantamiento del plano de Huatulco que su compañía pretendía utilizar, y es invitado por los naturales para visitar un asentamiento antiguo, que el identifica como *"Pueblo Viejo, ubicado frente a unos abismos al mar"*[10], que coincide con el actual emplazamiento de Copalita.

Las plataformas monumentales en la cima del cerro son las construcciones más antiguas, pero para el Clásico, Matadamas señala que el elemento representativo del asentamiento de Copalita es el juego de pelota con un

---

[10] Viaje por el Istmo de Tehuantepec, 1859-1860, Charles Brasseur, Fondo de Cultura Económica.

Urna encontrada en Copalita con imágenes de búhos y serpientes.

monolito grabado como sistema de marcador y la construcción de estructuras ceremoniales en la zona baja.

Indica además que para el periodo del clásico tardío que comprende del año 650 al año 900 después de Cristo, Copalita se desarrolló como un importante centro cívico-ceremonial. Resulta interesante hacer notar que en el área de Huatulco, como en el monte que preside la preciosa bahía de Santa Cruz, se han localizado también sitios arqueológicos denominados *Concheros*, porque los basamentos piramidales están rellenos con miles y miles de conchas, que denotan una febril actividad marina.

Época virreinal

Huatulco en el contexto marítimo mundial.

Un siglo antes de Cristo, la Ruta de la Seda empezó a extenderse por todo el continente asiático, conectando a China con Mongolia, el subcontinente indio, Persia, Arabia, Siria, Turquía, Europa y África.

Sus diversos trayectos comenzaban en la ciudad de *Xi'an* en China, pasando entre otras por *Karakórum*, el Paso de *Khunjerab*, Susa en Persia, el Valle de Fergana en Tayikistán, Samarcanda en Uzbekistán, *Taxila* en Pakistán, Antioquía en Turquía, Alejandría en Egipto, Kazán en Rusia y Constantinopla, llegando hasta los reinos hispánicos en los confines de Europa y a Somalia y Etiopía en el África oriental.

Transitaban en estas rutas metales preciosos, diamantes de Golconda, rubíes de Birmania, jade de China, perlas del golfo Pérsico, sedas, tafetanes, terciopelos, linos, ámbar, marfil, lacas, especias, porcelana, vidrio, materiales manufacturados, coral, etc.

La caída del Imperio romano de Oriente en poder de los turcos otomanos en 1453, tras la toma de Constantinopla, interrumpió la ruta de la seda y provocó escasez y encarecimiento del comercio con las regiones orientales.

Al otro lado, en el extremo occidental de Europa, Portugal invadió en 1415 la ciudad de Ceuta en el norte de Africa e inició el colonialismo moderno, y con ello, las enormes tragedias que posteriormente sufrieron África y América a partir de su dominación por naciones extranjeras.

La conquista de la rica ciudad de Ceuta exarcerbó la ambicion de Portugal que se volcó a explorar la costa oeste africana y convirtieron a *la Isla Madeira* en 1419 y posteriormente a *las Azores* en 1427, en sus colonias. Al arribar al Senegal y al Congo, acrecentaron el tráfico de esclavos; en 1487, el navegante portugués Bartolomé Díaz dobló el cabo de Buena Esperanza en el extremo sur del continente africano, lo que posibilitó a Vasco de Gama cruzar hacia el océano índico y llegar a la India en 1498, conquistando para el reino portugués la hegemonía marítima de la ambicionada Ruta de la Seda, interumpida por los turcos.

Los españoles, unidos a Portugal por la geografia, la historia y los repetidos lazos familiares entre sus monarcas, siguieron de cerca estas exploraciones.

Ante la audáz propuesta de navegar hacia lo incierto, hacia el oeste, hacia el *mare ignotum*, el mar desconocido, (el oceano atlántico), que le formuló Cristóbal Colón, la inteligencia de la reina Isabel de Castilla le permitió advertir, aunque lejana, la posibilidad de encontrar otra ruta hacia los anhelados productos del remoto oriente, distinta a la dominada por los protugueses.

Colón, -casado con la hija del primer gobernador de *Porto Santo de Madeira*-, había fracasado con esta propuesta ante el rey portugués Juan II de Portugal, en 1485; pero perseveró ante los reyes Isabel y Fernando. El navegante genovés sostenía que podía alcanzarse el lejano oriente, conocido en la época como *Las Indias*, desde Europa, navegando por el atlántico y que era posible realizar el viaje con posibilidades de éxito.

Apoyaba su certeza en varios datos: desde el siglo III a.C., el astrónomo griego Eratóstenes había calculado con bastante exactitud la medida de la circunferencia de la Tierra, aunque al parecer, la hipótesis de Colón sobre la posibilidad del viaje se basaba en cálculos erróneos sobre el tamaño de la esfera, que suponía más pequeña de lo que realmente es, basado en los cálculos de Posidonio (131-55 a. C.), que aunque equívocos, el sabio Claudio Ptolomeo los tomó por buenos al escribir su famosa *Geografía*.

Otro hecho relevante fue que un marinero de Huelva llamado Alonso Sánchez, quien se extravió en un viaje a la mar del norte y fue a dar a unas islas, supuestamente del caribe, le confió a Colón esta valiosa información. El padre Bartolomé de las Casas narra la historia de este navío envuelto en una tormenta, que es desviado de su ruta original para acabar llegando al Nuevo Mundo:

"Dijose que una carabela o navío que había salido de un puerto de España y que iba cargada de mercadería para

Flandes o Inglaterra, o para los tractos, la cual, corriendo terrible tormenta, y arrebatada de la violencia e ímpetu de ella, vino dizque, a parar a estas islas y que aquesta fue la primera que las descubrió".

Pedro Mártir de Anglería ofrece esta misma información en una nota manuscrita en latín, al margen de un ejemplar de su libro *las Décadas del Nuevo Mundo*, publicado en 1501, donde dice:

"Cristóbal Colón, genovés de nacimiento, hombre pobre, habitó en Portugal durante muchos años en la isla de Madera, a la que llegaron por azar unos de aquel país que habían navegado con una gran tempestad y habían arribado a las islas últimamente descubiertas; y cuando el piloto enfermó de muerte, él en persona dio al susodicho Cristóbal noticia de aquellas regiones en el año 1475".

Otro importantísimo apoyo que lo animó en esta fascinante aventura fue el viejo marino español, Pedro Vázquez, nacido en Palos de la Frontera, quien en 1452 habría participado en un viaje explorador por el Atlántico, encabezado por el portugués Diego de Teive, con quien alcanzaron *el mar de los Sargazos*. La fama de Pedro Vázquez en el Puerto de Palos se debía a su gran experiencia como navegante en la armada portuguesa, sin duda la más temida, pero también admirada de la época, por su pericia y prestigio. Así lo afirma, en los *Pleitos colombinos*, Fernando Valiente:

"Que el dicho Cristóbal Colón, antes que fuese a negociar con los Reyes Católicos sobre el dicho descubrimiento, vino a esta Villa de Palos...e posó en el monasterio de La Rábida, e de allí venía algunas veces a esta Villa e hablaba con un

Pedro Vásquez de la Frontera, que era hombre muy sabio en el arte de la mar e avía ido una ves a hacer el dicho descubrimiento con el infante de Portugal..."

Lo corrobora en su declaración Alonso Gallego:

"Conoció a Colón y le vio harto pobre y necesitado..., y oyó decir a un Pedro Vásquez de la Frontera, vecino de la villa de Palos, que cuando Colón vino a querer y al dicho viaje, venía a tomar lengua y aviso del dicho Pedro Vásquez de la Frontera, como persona que avía sido criado del rey de Portugal y tenía noticia de la tierra de las dichas indias".

El viejo y respetado marino de Palos, según los testigos de aquellos acontecimientos, animaba a Colón, a los Pinzón y a sus tripulaciones, para que no desmayasen y siguieran adelante del *mar de yerbas*, el mar de *los Sargazos*[11], admitiendo que la decisión de retornar en aquella zona, había impedido a su expedición, en época del Infante D. Enrique, llegar a aquellas míticas y deseadas costas orientales de legendaria riqueza.

Además de lo anterior, Colón tuvo acceso a una carta de Paolo del Pozo Toscanelli (Florencia, 1397-1482) matemático, astrónomo y cosmógrafo italiano, enviada en junio de 1464, con un mapa adjunto, a su antiguo amigo el médico portugués Fernando Martín de Roiz, al cual el rey Alfonso V de Portugal le había pedido un parecer

---

[11] El mar de los Sargazos en el océano Atlántico septentrional, entre los meridianos 70º y 40º O y los paralelos 25º a 35º N, está delimitado por cuatro corrientes que forman un giro oceánico y es el único mar definido por características físicas y biológicas sin incluir la presencia de costas.

geográfico sobre las rutas a las Indias. Años más tarde, Cristóbal Colón tuvo acceso a esta carta por mediación del mercader Lorenzo Berardi. Colón transcribió el texto en latín de este documento, en el cual Toscanelli expuso una ruta para llegar a las islas de las especias navegando hacia el oeste. Adicionalmente, el padre Bartolomé de las Casas, en su *Historia de las Indias* transcribe dos cartas de Toscanelli a Colón.

Los libros que se conservan de la biblioteca de Colón también aportan luz sobre lo que influyó en sus ideas, por su costumbre de subrayarlos y se deduce que los más rayados serían los más leídos. Entre los que tienen más anotaciones están el *Tractatus de Imago Mundi,* Tratado de la imagen del mundo, de Pierre d'Ailly, escrito en 1410, la *Historia Rerum ubique Gestarum* de Eneas Silvio Piccolomini, el Papa Pio II,[12] y especialmente Los *viajes de Marco Polo*, que le dieron la idea de cómo era el oriente que soñaba encontrar.

Con estos conocimientos y con el dato erróneo que la circunferencia de la tierra era mucho mas pequeña, Colón aseguró a la reina Isabel que el extremo oriental de Asia se hallaba mucho más próximo a Europa de lo que suponían los cosmógrafos de la época, asi como de la existencia de

---

[12] Eneas Silvio Piccolomini (1405-1464), Pio II, nombre que adoptó como Papa en 1461. Gran humanista, escribió la Historia Rerum ubique Gestarum, enciclopedia que debía recoger lo que se conocía del mundo.

islas que pudieran servir como escalas en un viaje a las Indias.

Con la rendición de Granada y del bellísimo palacio de la Alhambra, entregado por *Boabdil* para que no lo destruyeran, -último y prudente rey moro, a quien injustamente inventaron que su madre dijo: *no llores como mujer lo que no defendiste como hombre-,* el primero de enero de 1492 culminó la expulsión de los árabes de la península española, y los reyes católicos, en abril de ese mismo año, acordaron respaldar el histórico viaje de Cristóbal Colón, quien, tras pasar la noche orando en el monasterio de La Rábida, en el Puerto de Palos, partiría para encontrarse, en un arrebato del destino, con un continente desconocido para él y para el resto del mundo.

Al escribir esta parte, recuerdo con nostalgia la época en que solicité y recibí del gobierno de España, una generosa beca que incluía costos de inscripción, colegiaturas, material didáctico, alimentos, hospedaje y viajes de práctica, igual que otros 24 jóvenes, hombres y mujeres, procedentes de diversos países de américa latina, para estudiar administración pública en la Antigua Universidad de Alcalá de Henares, cuyo edificio plateresco verdaderamente hermoso, catalogado *patrimonio cultural de la humanidad*, fue construido en 1499 por el influyente y poderoso Cardenal Cisneros, confesor y tutor de la reina Isabel.

Al terminar nuestros estudios, en el año de 1980, el gobierno español organizó y financió nuestro último viaje de prácticas. En el trayecto, fuimos recibidos por las autoridades regionales de los interesantes lugares que recorrimos desde Madrid hasta Cádiz, y como último punto visitamos el monasterio de La Rábida y los astilleros de Huelva, en el legendario Puerto de Palos, donde Colón paso la noche antes de partir. El director de los astilleros nos ofreció un banquete que me tocó agradecer a nombre de maestros y becarios y en aquel momento, expresé: *"Hemos llegado, al final de nuestro viaje, al punto inicial de la mas grande aventura de la humanidad, la que juntó a las dos mitades del mundo..."*

Arribó Colón a las islas del caribe, pero no a *Las Molucas*, las islas de las especias, por lo que los reyes españoles, aún sin plena conciencia de la magnitud del continente que accidentalmente se había atravesado, mantuvieron firme su política de continuar las exploraciones para llegar al lejano oriente, y esto sólo sería posible, hasta encontrar *la mar del sur*, el océano pacifico, y a través de él, una ruta segura de navegación de ida y vuelta, que necesariamente tendría que pasar por el nuevo continente.

En 1498, durante su tercer viaje Colón tocó por vez primera tierra continental en las costas de Venezuela; Alonso de Ojeda y Juan de la Cosa en 1499, en un viaje en el cual participó Américo Vespucio, llegaron también a Venezuela, *la pequeña Venecia*. En el mismo año de 1499, Vicente Yáñez Pinzón se convirtió en el primer europeo en llegar al río Amazonas en tierras brasileñas. Por su parte, Colón en su cuarto viaje en 1502, exploró las costas de Honduras, Nicaragua, Costa Rica y Panamá.

Para entonces, ya Colón había sido encarcelado, acusado de utilizar la tortura y mutilación para gobernar *La Española*. Un informe encontrado en 2006 en el Archivo General de Simancas, contiene testimonios de 23 personas, incluyendo enemigos y partidarios de Colón, acerca del maltrato de Colón y sus hermanos, a los súbditos coloniales durante sus siete años de mandato.

De acuerdo con este informe, Colón castigó a un hombre culpable de robar maíz haciéndole cortar las orejas y la nariz, para venderlo luego como esclavo. Los testimonios registrados en el informe aseveran que Colón felicitó a su hermano Bartolomé por *defender a la familia*, cuando este último ordenó que una mujer fuera forzada a desfilar desnuda en público y que su lengua fuera cortada por sugerir que Colón era un *mal nacido*.

 El documento también describía el modo como Colón controló el descontento y revuelta de los nativos. Primero, ordenó una represión brutal en la que los nativos fueron asesinados y luego sus cuerpos desmembrados, desfilados por las calles en un intento de desincentivar cualquier rebelión.

Bartolomé de las Casas describió con toda crudeza el genocidio cometido por Colón, al señalar que de 1494 a 1508, tres millones de indios murieron en las guerras, a causa de la esclavitud, abusos y ultrajes, o por el inhumano trabajo en haciendas y minas. En 1508, había sólo 60 mil sobrevivientes, exclamando Las Casas lleno de terror: *"Esto, ¿quién lo creerá de los que en los siglos venideros nacieren? Yo mismo que lo escribo y vi, ahora me parece que no fue posible...*".

Consuelo Varela, historiadora española que publicó documentos sobre el tema, señaló que: "Incluso quienes lo admiraban tuvieron que admitir las atrocidades que habían ocurrido", concluyendo que "Colón, pese a su grandeza, no es un personaje simpático. Ahora lo es aún menos". En las ciudades de Los Ángeles, Caracas, y Buenos Aires, habitantes y autoridades de esos lugares han retirado sus estatuas.

Pero es precisamente Colón en 1502, durante su cuarto viaje, quien desembarca en Honduras y es el primero en escuchar sobre la existencia de *la mar del sur*, llamado así por hallarse al sur de las islas caribe; también relata que hay abundancia de oro en una región llamada *amerrique,* que varios identifican como origen de la palabra América, para señalar el continente rico en oro, aunque el primer documento publicado en 1507 que sugiere ese nombre, *Quattuor Americi navigationes,* (cuatro viajes de Américo), sugiere explícitamente que el nombre es en honor de Américo Vespucci y el famoso mapa *Universalis Cosmographia* publicado ese mismo año, dibuja al nuevo continente con su nombre y con el retrato de Vespucio.

En el año de 1508 el aventajado navegante Vicente Yáñez Pinzón volvió al Caribe, con la misión específica por parte del rey, de buscar *un estrecho hacia la mar del sur*; exploró toda la costa de Centroamérica y la península de Yucatán, estableciendo un primer contacto con la civilización maya. Ese mismo año, el rey Fernando el Católico sometió a concurso la conquista de Tierra Firme. Se crearon dos nuevas gobernaciones en las tierras comprendidas entre Honduras y Colombia, y a una de ellas es enviado Diego de Nicuesa como gobernador y funda la ciudad *En nombre de Dios* en 1510, pero el territorio es disputado de facto por Vasco Núñez de Balboa, quien ya operaba en la región. Naufraga y muere Nicuesa en 1511 y Balboa es reconocido por los reyes como gobernador *del Darién,* aunque después los monarcas nombran a Pedro Arias, hombre iracundo, cercano a la corte española, quien años después, ordena decapitar a su yerno, Balboa, por supuesta traición.

Núñez de Balboa fue el primer europeo en fundar una ciudad estable en solar continental del Nuevo Mundo y buscó afanosamente el mar al otro lado de las montañas. Durante sus exploraciones, en una disputa entre españoles por el poco oro que estaban encontrando, *Panquiaco*, hijo mayor de *Comagre*, cacique del lugar, se enojó por la avaricia de los españoles, tumbó la balanza que medía el oro y replicó: *"Si tan ansiosos estáis de oro que abandonáis vuestra tierra para venir a inquietar la ajena, yo os mostraré una provincia donde podéis a manos llenas satisfacer ese deseo…".*

Panquiaco habló de un reino al sur donde la gente era tan rica que utilizaba vajillas y utensilios de oro para comer y beber, noticias que confirmarían cronistas posteriores. También advirtió que necesitarían al menos mil hombres para vencer a los pueblos que habitaban tierra adentro, en las costas del otro mar. Eran las primeras noticias del Imperio inca. Finalmente, Vasco Núñez de Balboa en el año de1513, desde un acantilado de la costa de Panamá, contempló *la mar del sur*, el océano pacífico, indispensable para la política expansionista de España, que persistía en encontrar la ruta hacia las indias.

Mientras tanto, más al norte, el 15 de agosto de 1511, un barco de la flota de Balboa enviado de regreso a Cuba naufragó en las costas de Yucatán, y algunos de sus ocupantes, entre ellos Jerónimo de Aguilar y Gonzalo Guerrero, consiguieron salvarse y vivir entre los mayas.

Las exploraciones españolas continuaron con Francisco Hernández de Córdoba, uno de los encomenderos más ricos asentados en la isla de Cuba, cuyo Gobernador Diego Velázquez, lo nombró jefe de la expedición que recorrió en 1517 la península de Yucatán, con lo cual los españoles conocieron mas de la avanzada cultura maya, con casas de cal y canto y compleja organización social.

Bernal Díaz del Castillo es el cronista que más detalles aporta sobre el viaje de Hernández de Córdoba, como testigo presencial de todo el proceso y como promotor del proyecto, junto con otro centenar de españoles que decían necesitar *ocupar sus personas*, porque hacía tres años que habían llegado a Cuba, y *no habían hecho cosa alguna que de contar fuera*.

De la narración que hace Bernal Díaz del Castillo se deduce, contra lo pretendido por el narrador que hubiera preferido ocultarlo, que el origen del proyecto era capturar indios como esclavos para ampliar o renovar la mano de obra de las explotaciones agrícolas o mineras de Cuba, y para que los españoles residentes en la isla que no tenían indios, ni por tanto explotación propia, como le ocurría al mismo Bernal, pudiesen establecerse como hacendados.

Bernal cuenta que cuando se presentaron en Cuba ante Diego Velázquez, les prometió que *nos daría indios, en vacando*. Inmediatamente después dice que *como ya habían pasado tres años*, los ciento diez españoles *y los que en la isla de Cuba no tenían indios* decidieron concertarse con *un hidalgo que se decía Francisco Hernández de Córdoba... y era hombre rico y tenía pueblo de indios en aquella isla de Cuba,* para que aceptara ser su capitán para *ir a nuestra ventura a descubrir nuevas tierras y en ellas emplear nuestras personas.*

El propio gobernador Diego Velázquez quiso participar en el proyecto, y prestó de hecho un barco...

"Con la condición que... habíamos de ir con aquellos tres navíos a unas isletas que están entre la isla de Cuba y Honduras, que ahora se llaman las islas de los Guanaxes, y que habíamos de ir de guerra y cargar los navíos de indios de aquellas islas para pagar con indios el barco, para servirse de ellos por esclavos..."

Fray Diego de Landa dice que Hernández de Córdoba iba *...a rescatar esclavos para las minas, ya que en Cuba se iba apocando la gente.* Fray Bartolomé de Las Casas, el insigne, erudito y apasionado defensor de los indios, también consignó que, si bien el propósito original era *secuestrar indios para esclavizarlos*, en algún momento el objetivo se amplió al de descubrir. En su travesía, Hernández de Córdoba sostuvo enfrentamientos con los naturales en Cabo Catoche, mas tarde en *Kaan Pech,* Campeche, y por último en *Chakan Putum,* Champotón, donde fue derrotado y huyó hacia La Florida.

El descubrimiento de Yucatán fue crucial en la consideración de las Indias por los españoles: hasta entonces, nada se había asemejado a las historias de Marco Polo, o a las promesas de Colón, que adivinaba *Catay* y hasta el *Jardín del paraíso*, tras cada cabo y cada río. Pendientes los encuentros con las deslumbrantes culturas azteca e inca, Yucatan era lo más parecido a ese sueño que los conquistadores habían contemplado hasta entonces. Cuando llegaron noticias a Cuba, los españoles reavivaron su imaginación, creando otra vez fantasías sobre el origen de los pueblos descubiertos, que remitían a *los gentiles* o a *los judíos desterrados de Jerusalén por Tito y Vespasiano*.

Da idea de su importancia, la rapidez con que Diego Velázquez preparó la siguiente expedición a cargó de Juan de Grijalva, su sobrino, quien muy joven acompañó a Pánfilo de Narváez a la isla de La Española, de donde partió en 1511 acompañando a Diego Velázquez en la conquista de Cuba.

Esta nueva expedición estuvo integrada por cuatro navíos y doscientos cuarenta hombres, que arribaron a Cozumel el 3 de mayo de 1518. Exploraron todo el litoral norte de la península y parte de las costas del golfo de México, cuyo recorrido ya habia hecho Hernández de Cordoba. Grijalva y sus compañeros mantuvieron un sangriento combate y vencieron a los nativos de Champotón, en el mismo lugar donde un año antes, había sido derrotada y diezmada la expedición de Hernández de Córdoba.

Descubrieron más tarde la provincia de Tabasco y el imponente río Grijalva que hoy lleva su nombre, que pasa en medio de la ciudad de Villahermosa. Grijalva decidió entrar en él y desembarcó en la ciudad maya de *Potonchan*, capital del señorío de *Tabscoob,* cacique al que saludó y regaló su jubón de terciopelo verde.

"...Otro día en la mañana vino el cacique o señor en una canoa, y le dijo al capitán que entrase en la embarcación, luego le dijo a unos indios que vistiesen al capitán con un coselete y unos brazaletes de oro, borceguíes hasta media pierna con adornos de oro, y en la cabeza le puso una corona de oro. El capitán mandó a los suyos que vistiesen al cacique con un jubón de terciopelo verde, calzas rosadas, un sayo, unos alpargates y una gorra de terciopelo

Juan Díaz. *Itinerario de la Armada.* 1518

Los nativos informaron a Grijalva que *hacia donde se pone el sol, en Culúa y México, existe un imperio muy poderoso y rico en oro*, por lo que continuó su recorrido hasta Veracruz, al que nombró San Juan de Ulúa. Llevaban más de cinco meses de viaje y las provisiones escaseaban, por lo que Grijalva decidió regresar a Cuba, donde fue recriminado y destituido por Diego Velázquez, por no haber establecido colonia alguna en las tierras visitadas, quien ordenó preparar de inmediato una tercera y mas grande expedicion, esta vez, a cargo de quien fue su secretario, un tinterillo de medio pelo llamado Hernán

Cortés, de quien dice Bernal Díaz del Castillo, que una vez que fue elegido:

> "…Se comenzó a pulir y ataviar su persona mucho más que antes, y se puso su penacho de plumas, con su medalla y una cadena de oro, y una ropa de terciopelo, sembradas por ella unas lazadas de oro, y, en fin, como un bravoso y esforzado capitán.
>
> Para hacer estos gastos que he dicho, no tenía de qué, porque en aquella sazón estaba muy adeudado y pobre, aunque tenía buenos indios de encomienda y sacaba oro de las minas; mas todo lo gastaba en su persona y en atavíos de su mujer, que era recién casado…"

Historia Verdadera de la Conquista de la Nueva España.
Bernal Díaz del Castillo.

Este curioso pasaje relatado por Bernal Díaz, guarda un extraño paralelismo con lo hecho por un sombrío y famoso personaje conocido como el *Negro Durazo*, quien cuando fue designado jefe de la policía por el presidente José López Portillo, lo primero que hizo fue solicitar permiso y vestir, sin serlo, el uniforme de general de división del ejército mexicano, con todos sus galones y estrellas doradas. Posteriormente Durazo purgó en prisión los varios delitos en que incurrió abusando del poder bajo su mando.

Hernán Cortés había llegado con Diego Velazquez a conquistar Cuba donde peleó batallas en las cuales los indios, casi desnudos, se defendian con macanas, lanzas y flechas con puntas de piedra, así como armaduras de algodón, y en lugar de combatir para matar, peleaban para hacer prisioneros; ademas, *estimaban en verdad indigno tomar las armas a modo de traidores en contra de los inermes o no prevenidos*[13], lo que facilitaba los ataques sin piedad de los españoles, recientemente entrenados en las guerras contra moros en España, contra franceses en Italia y contra marroquíes en Africa, mismos que atacaban cruelmente, sin miramiento alguno, incluso a traición como ocurrió en Cholula y en el Templo Mayor cuando mataron a miles de nobles desarmados. En una lucha desigual, sin ética y sin justificación alguna, los españoles atacaban con la caballería, mastines de guerra, armaduras, cascos, espadas y lanzas de acero, así como con ballestas, armas de fuego y cañones, armas, pólvora y tácticas totalmente desconocidas por los naturales.

Cortés estaba al tanto de estas enormes ventajas y cronistas de la época señalan que desde antes de salir de Cuba, ya pensaba traicionar, por segunda vez, a su protector, concuño y jefe, el gobernador Diego Velazquez, para adueñarse del éxito de esta empresa invasora, que por superioridad de armamento, consideraba segura. Así lo develó, primero su zalamera y después, su desafiante actitud ante los habitantes de *Potochan,* ya en el continente:

"Cortés se adelantó haciendo señas de paz, les habló por medio de Jerónimo de Aguilar, rogándoles los recibiesen bien, pues no venían a hacerles mal, sino a tomar agua dulce y comprar de comer, como hombres que andando por el mar,

---

[13] *Antigüedades de la Nueva España.* Francisco Hernández.

tenían necesidad de ello; por tanto, que se lo diesen, que ellos se lo pagarían muy cortésmente."

Las autoridades de Potonchan ordenaron llevarles agua y comida para que se fueran. Cortes, sin mayores explicaciones, sostuvo que no era suficiente e insistió en que dejaran entrar sus tropas a la ciudad.

"Replicaron los indios que no querían consejos de gente que no conocían, ni menos acogerlos en sus casas, porque les parecían hombres terribles y mandones, y que si querían agua, que la cogiesen del río o hiciesen pozos en la tierra, que así hacían ellos cuando la necesitaban".

Entonces Cortés, viendo que las palabras estaban de más y le urgía simplemente someterlos, reveló su verdadero propósito:

"De ninguna manera podía dejar de entrar en el lugar y ver aquella tierra, para tomar y dar relación de ella al mayor señor del mundo, que allí le enviaba; por eso, que lo tuviesen por bueno, pues él lo deseaba hacer por las buenas, y si no, que se encomendaría a su Dios, a sus manos y a las de sus compañeros".

Así, sin razón alguna, solo para imponer la brutalidad de la fuerza, atacaron la ciudad por dos flancos, produciéndose una sangrienta batalla que finalizó con la derrota de Potonchán y la invasión de Cortés y sus hombres:

"Los españoles escudriñaron las casas y no hallaron más que maíz y gallipavos, y algunas cosas de algodón, y poco rastro de oro, pues no había dentro más que cuatrocientos hombres de guerra defendiendo el lugar. Se derramó mucha sangre de indios en la toma de ese lugar, por pelear desnudos; los heridos fueron muchos y cautivos quedaron pocos; los muertos no se contaron…"

Francisco López de Gomara.
Historia de la conquista de México

Dejando una estela de despojos, engaños, juicios sumarios, ejecuciones, ahorcamientos, decapitaciones, traiciones y matanzas terribles, , asi como enfermedades desconocidas que diezmaron la poblacion local, finalmente Cortés tomó la gran ciudad de *México-Tenochtitlan* el 13 de agosto de 1521, el mismo año en que Fernando de Magallanes descubrió el estrecho que lleva su nombre, en la ansiada búsqueda de la ruta a las Indias.

En su histórica travesía por el Pacífico, Magallanes llegó a las islas Filipinas el 27 de abril de 1521, donde murió en la batalla de *Mactán*. Los expedicionarios continuaron la navegación hasta las islas *Molucas*, objetivo de su viaje, donde eligieron a Juan Sebastián Elcano para capitanear el viaje de regreso. Navegando hacia el oeste por el océano Índico y dando la vuelta a África, el 6 de septiembre de 1522, en *La Victoria*, única nave que quedaba en la expedición, retornó a Sanlúcar de Barrameda con su carga de especias, convirtiéndose en el primer hombre en la historia en dar la vuelta al mundo.

Juan Sebastián Elcano, establecido en Sevilla, con amplia experiencia en el mar y en las batallas de España contra Argel y contra Italia, pero endeudado por la falta de pago en estas empresas, tuvo conocimiento del proyecto que preparaba el portugués Fernando de Magallanes, para descubrir una ruta a las Indias Orientales por occidente, a través de un paso por el sur de América, como el encontrado por sus paisanos portugueses en el sur de África, que llevara a las islas de las especias sin necesidad de bordear el continente africano, ni atravesar dominios portugueses. La expedición entrañaba gran dificultad para reclutar tripulación por lo incierto del viaje, por lo que esta se formó en buena medida con desesperados, deudores y forajidos de la justicia, como el propio Elcano.

Su experiencia de hombre de mar le valió un cargo importante en la expedición, que comandó a su histórico regreso. En Sevilla fue recibido con honores por las autoridades de la ciudad y los miembros de la Casa de la Contratación en pleno, junto con un numeroso público que contemplaba la llegada de la desvencijada nave y los 17 sobrevivientes. El rey le concedió una renta anual de quinientos ducados, una suma realmente importante, y, como escudo, una esfera del mundo con la leyenda en latín: *Primus Circumdedisti Me*, "Fuiste el primero que la vuelta me diste".

Huatulco, puerta de salida a la mar del sur

En esa época, Europa salía de la edad media y todavía la imaginación popular se desbordaba soñando la existencia de tierras insólitas, donde todo era posible, donde lo extraño era la regla; espejismo que inspiraba a los hombres a buscar aventuras extraordinarias, míticas riquezas, monstruos legendarios o islas habitadas por mujeres sorprendentes. El litoral del pacífico en la Nueva España, se convirtió en plataforma de exploración para perseguir fabulosas leyendas y mitológicas ciudades de oro, así como el anhelado camino a la especiería de oriente.

La ambición de Cortes estaba justamente hecha a la medida de estas desbordantes fantasías y realidades sorprendentes. También sabía el altísimo interés de los reyes de España por encontrar el camino hacia oriente, puesto que éstos habían enviado numerosas expediciones, incluyendo la de Magallanes, para conseguirlo. Cortés no solo lo tenía pendiente, sino él mismo lo codiciaba, porque en diferentes momentos ya había mandado a reconocer los puertos de Barra de Navidad, Zacatula, Acapulco, Huatulco y Tehuantepec, y también ordenó a Cristóbal de Olid y a Pedro de Alvarado adueñarse de Honduras creyendo que existía ahí un estrecho entre los dos mares. Como el mismo

Cortés lo explica, sus exploraciones posteriores al mar de Cortés y a la Florida, tuvieron el propósito de buscar este estrecho en el norte, porque especulaba que si Magallanes había encontrado uno en el sur, debería existir otro en el norte y además, de encontrarse en esta zona, estaría a la misma altitud de *las Filipinas* descubiertas por el mismo Magallanes, con las consecuentes ventajas de navegación, ya que viniendo de España no tendrían que dar la vuelta hasta el sur del continente.

A Cortés le urgía esforzarse para conquistar el favor de Carlos I, quien desconfiaba de su lealtad por su marcada traición a Diego Velázquez. Cortés buscaba afanosamente las dos cosas que consideraba mas importantes para el rey y para él mismo: hallar los lugares donde se extraía oro y el estrecho por donde comunicar la mar del norte con la mar del sur para ir a oriente, y en ello se afanó, incluso antes que concluyera la caída de *Tenochtitlán,* cuando todavía tenía prisionero, a su estilo, a la mala, a Moctezuma:

"Le rogué que… me mostrase las minas de donde se sacaba el oro…Y pidióme que le diese españoles que fuesen con ellos para que lo viesen sacar, y asimismo le di a cada dos de los suyos otros dos españoles. Y unos fueron a una provincia que se dice Sosola, que es ochenta leguas de la gran ciudad de Temixtitán y los naturales de aquella provincia son vasallos del dicho Muteeçuma, y allí les mostraron tres ríos y de todos me trajeron muestra de oro y muy buena... Y en el camino pasaron tres provincias, según los españoles dijeron, de muy hermosa tierra y de muchas villas y ciudades y otras poblaciones en mucha cantidad, y de tales y tan buenos edificios que dicen que en España no podrían ser mejores. En especial me dijeron que habían visto una casa de aposentamiento y fortaleza que es mayor y más fuerte y mejor edificada que el castillo de Burgos. Y la gente de una destas provincias que se llama Tamazulapan, era más vestida y de mucha razón. Los otros fueron a una provincia que se llama Malinaltepec, que es otras setenta leguas de la dicha gran ciudad, que es más hacia la costa de la mar…"

Los lugares que menciona *Sosola* y *Tamazulapan,* estan en la mixteca oaxaqueña y *Malinaltepec,* en la costa, cerca de Puerto Escondido, también en Oaxaca. Sobre el paso hacia *la mar del sur,* Cortés escribió desde Villa Segura de la Frontera, el 30 octubre de1520.

"Ansimismo le rogué al dicho Muteeçuma que me dijese si en la costa de la mar (del Golfo) había algún río o ancón en que los navíos que viniesen pudiesen entrar y estar seguros, el cual me respondió que no lo sabía, pero que él me haría pintar toda la costa y que enviase yo españoles y que él me daría quién los guiase y fuese con ellos… Y así llegaron a la dicha provincia de Quacalcalco, (Coatzacoálcos), donde el dicho río está, y … subieron por el dicho río arriba doce leguas y lo más bajo que en él hallaron fueron cinco o seis brazas. Y según lo que dél vieron, se cree que sube más de treinta leguas de aquella hondura y en la ribera dél hay muchas y grandes poblaciones, y toda la provincia es muy llana y muy fuerte y abundosa de todas las cosas de la tierra y de mucha y casi innumerablemente gente... Y venidos con esta relación, luego despaché un capitán con ciento y cincuenta hombres para que fuesen a trazar y formar el pueblo y facer una fortaleza…"

Con el afán explícito de alcanzar la gracia y aceptación de Carlos I, Hernán Cortés escribe al emperador el 15 de mayo de 1522, prometiendo riquezas y de paso, elogíandose a sí mismo:

"Por la relacion que agora envio verâ V. M. la solicitud y diligencia que yo he puesto en descubrir la mar del sur, he comenzado a hacer cerca de la costa bien noventa léguas destas provincias navîos y bergantines como en el capîtulo antes deste lie dicho, …Muy poderoso Señor, alguna noticia, poco habia, de la otra mar del Sur, y … me parecia que en la descubrir se hacia a V. M. muy grande y señalado servicio, … muy cierto que, descubriendo por estas partes la mar del Sur, se habian de hallar muchas islas ricas de oro y perlas y piedras preciosas y especeria, y se habian de descubrir y hallar otros muchos secretos y cosas admirables; y …con tal deseo, y con que de esto pudiese V. M. recibir muy singular y mémorable servicio".

Quizá a cualquier otro rey le hubieran llamado poderosamente la atencion estos ofrecimientos, pero Carlos I de España y V de Alemania, conjuntaba en su persona el mayor imperio del mundo, conjuntando las amplias posesiones heredadas de sus padres y de sus famosos abuelos paternos y maternos, los reyes mas poderosos de la época. Carlos I gobernaba, con su madre como figura decorativa, desde el 13 de abril de 1516, los siguientes reinos:

Reyes de Castilla, de León, de Aragón, de las dos Sicilias, de Jerusalén, de Navarra, de Granada, de Toledo, de Valencia, de Galicia, de Mallorcas, de Sevilla, de Cerdeña, de Córdova, de Córcega, de Murcia, de Jaén, de los Algarbes, de Algeciras, de Gibraltar, de las Islas de Canaria, de las Indias islas y tierra firme del Mar Océano, Condes de Barcelona, Señores de Vizcaya e de Molina, Duques de Atenas e de Neopatria, Marqués de Oristan e de Gorciano, Archiduques de Austria, Duques de Borgoña de Bravante, condes de Flandes, de Tirol, etc. etc.,

Y como si esto fuera poco, en octubre de 1520, fue declarado por herencia de su abuelo paterno, nada menos que *Emperador del Sacro Imperio Romano Germánico.*

El rey Carlos V estaba intensamente ocupado en sus guerras contra Francia y contra los otomanos, y ademas recelaba de Cortés, quien habia desobedecido varios de sus mandatos y se negaba a recibir a los portadores de los mismos, a quienes debia entregar las tierras en su poder, aumentando los rumores sobre sus ansias de desconocer al rey de España y declararse el mismo, señor de México, arguyendo, como ya lo había hecho, de contar con el "apoyo" de los señores indígenas. Por otra parte, los procuradores y las cartas enviadas por Cortés al rey, o fueron confiscadas por las propias autoridades españolas o robadas por los corsarios franceses, de manera que Cortés vivía en angustia permanente al no obtener respuesta alguna a sus peticiones. Sin embargo, insistía y porfiaba en la misma carta:

> "Despaché cuatro españoles, los dos por ciertas provincias y los otros dos por otras; y informados de las vias que habian de llevar, y dándoles personas de nuestros amigos que los guiasen y fuesen con ellos, se partieron, e yo les mandé que no parasen hasta llegar a la mar, y que en descubriéndola…tomaron la posesion y en señal pusieron cruces en la costa délla…"

De los cuatro enviados, dos fueron por Michoacán a Zacatula, en la desembocadura del Río Balsas, y otros dos exploraron Tehuantepec. Cortés pretendía establecer astilleros en las costas el pacífico mexicano y consideró a Huatulco, Tehuantepec y Zacatula. En este ultimo lugar que escogió por ser el mas occidental, ordenó la construcción de cuatro barcos,   pero pronto se arrepintió por las dificultades de transportar los materiales, pertrechos, velas, cables, jarcias, clavazon y herrajes desde Veracruz hasta Michoacán, por lo cual decidió utilizar la ruta explorada por Diego de Ordaz navegando el Coatzacoalcos río arriba, para continuar por tierra a Tehuantepec, por ser la parte mas angosta del Istmo, y de ahí, para evitar sus fuertes vientos, trasladarse al puerto seguro de Huatulco, que de esta forma, se convertiría en el puerto más importante de la nueva España, recobrando su antiguo esplendor comercial con Centroamérica y el Perú.

La conquista de Tututepec

La presencia española, como hemos visto, impactó a la región desde 1520. En octubre de ese mismo año, Cortés informaba al rey de las exploraciones realizadas en *Sosola, Tamazulapan*[14] *y Manialtepec* en busca de yacimientos de oro, y para 1521, dos españoles, uno de ellos llamado Juan del Valle, habían acompañado a los señores zapotecas que se hallaban en la capital y regresaban a su país. Fueron los primeros que llegaron á *Tehuantepec*, obligados por el vivo deseo de Cortés, de encontrar un paso a la mar del Sur.

Al occidente de Tehuantepec, en la misma costa de la mar del sur, se encuentra Tututepec, derivado del náhuatl *Tototepec*, que significa *cerro del pájaro*, tomado del nombre mixteco *Yucu Dzaa* con igual significado, la única zona de la mixteca nunca sometida a los aztecas al momento de la invasión castellana. Desde la fundación de la ciudad, a finales del siglo XI por el legendario gobernante *8 Venado, Garra de Jaguar*, Tututepec fue la capital política de uno de los señoríos más poderosos de

---

[14] Tamazulapan, en la mixteca, cuenta con aguas termales y un precioso río que hasta la fecha lleva el nombre de *Río del Oro*.

México. Documentos coloniales antiguos indican que, a la llegada de los españoles, Tututepec dominaba un imperio que abarcaba 25 mil kilómetros cuadrados a lo largo de la costa del Pacífico, incluyendo el puerto de Huatulco. El recorrido realizado en el año 2000 por los investigadores Arthur Joyce y Marc Levine, demostró que la ciudad de Tututepec cubría 21 kilómetros cuadrados, uno de los sitios más grandes del posclásico en Mesoamérica. Su gobernante era conocido como el:

Señor de Tututepec.

señor de los bienes preciosos,

señor del oro y de la sal,

señor del cristal de roca,

señor de las altas montañas,

señor de la puerta del mar,

señor de las conchas y los peces,

señor del caracol púrpura,

señor de las mantas de algodón,

señor del chili rojo y amarillo,

señor de la tierra del jaguar,

señor del País de las Nubes,

El padre José Antonio Gay complementa esta información señalando:

"El de Tututepec, cuyo rey, el más rico, según se creía, de todos los de Anáhuac, daba el cacicazgo de Jamiltepec a un pariente suyo, concedía la investidura á los señores de los Pinotepas y otros pueblos, extendía su dominación hasta Putla, se dilataba por la costa a una distancia de sesenta leguas. Tenia una organización feudal esta monarquía y pasaba el cetro de padres á hijos por la línea recta..."

En el mes de 26 de diciembre de 1521, la guarnición de soldados al mando de Francisco de Orozco celebró una misa al llegar al valle de Oaxaca, a fundar la villa Segura de la Frontera, y a fines de enero de 1522, Cortés ordenó a este destacamento apoyar con caballos y tropas la salida de Pedro de Alvarado hacia Tututepec.

"El capitán que yo había enviado a conquistar la provincia de Guaxaca la tenia pacifica, y estaba esperando allí para ver lo que le mandaba; y porque de su persona había necesidad, y era alcalde y teniente en la villa de Segura de la Frontera, le escribí que los ochenta hombres y diez de caballo que tenia los diese a Pedro de Alvarado, al cual enviaba a conquistar la provincia de Tututepeque que...hacían mucho daño y guerra a los que se habían dado por vasallos de V. M., y a los de la provincia de Tecoatepeque (Tehuantepec) porque nos habían dejado por su tierra entrar a descubrir la mar del Sur; y el dicho Pedro de Albarado se partiô de esta ciudad al último de enero de este presente año".

15 de mayo de 1522. Cartas. Hernán Cortés

El Padre José Antonio Gay abunda esta información, diciendo:

"Cosijopí dió comisión a algunos de los suyos para que, llevándole un presente de oro a Cortés, le presentasen los perjuicios que recibían sus súbditos de los tututepeques, precisamente por causa de la amistad que los ligaba con los españoles, pidiendo en consecuencia tropas, que unidas con las suyas, fuesen suficientes á repeler las incesantes agresiones de aquellos enemigos. Cortés hizo confianza para esta guerra, que no creía despreciable, de Pedro de Alvarado, quien el 31 de enero de 1522 salió de Coyoacán con treinta y cinco caballos y ciento ochenta infantes. En Oaxaca se le unieron algunos otros, y también acompañaba al ejército el sacerdote Fr. Bartolomé de Olmedo, religioso mercedario que Cortés había traído de Cuba. El 4 de marzo entró Alvarado en Tututepec y según informaba a Cortés en carta que le dirigió, no había sostenido una gran lucha, pues tres ó cuatro pueblos que intentaron resistirle, habían desistido brevemente. El rey, con los principales de su corte, se adelantó á recibir a Alvarado, conduciéndolo á su palacio, que era espacioso y bello, en donde le dio hospedaje, lo mismo que a todos sus soldados..."

La mayoría de los españoles que se aventuraron a participar en la invasión del nuevo mundo, no eran peritas en dulce, como ejemplifica fray Bartolomé de las Casas al reseñar que un reclutador con licencia de los reyes para buscar agricultores y pastores que quisieran venir a América, al recorrer la ciudad de Antequera en el sur de España y no encontrar voluntarios con estas características, fue a la cárcel del lugar y enroló a los delincuentes que ahí estaban, para venir a colonizar la Nueva España.

La mayoría venia en busca de aventuras, de riquezas fáciles, de fama y poder instantáneos, de tierras y esclavos, huyendo de su propia mediocridad, tratando de alcanzar horizontes vedados para ellos en la propia España. El pretexto para ultrajar, despojar y someter a los naturales en esta injustificada invasión, absolutamente contraria a los principios cristianos, fue paradójicamente, enarbolar la evangelización, como explícitamente lo consigna el punto 14 en las órdenes de Diego Velázquez a Cortés:

14.- Pues sabéis que la principal cosa que sus altezas permiten que se descubran nuevas tierras, es porque tanto número de animas…han estado perdidas de nuestra santa fe.

Cortés no era precisamente ejemplo de creyente o evangelizador y en el juicio de residencia al que se le sometió, acusado de la pasmosa y desmedida cantidad de 109 delitos diferentes, fue señalado de no temer a dios y no ser buen cristiano, y entre otros crímenes, el de matar a su esposa Catalina Xuárez.

XXXIX.- …lo que este testigo sabe es que veía al dicho don Fernando oír misa muy devotamente, de rodillas, y esto cada día, pero otras cosas tenia más que de buen cristiano …e ansí mismo dijo este testigo que vido hacer al dicho Hernando Cortés muchos agravios en que parece no ser hombre temeroso de Dios, ansí como los que ha expresado arriba en muertes de indios como de españoles, que vido que hizo ahorcar e afrentar por cosas livianas, especialmente a Juan Escudero e a Diego Cermeño, que los ahorcó…e corto un pie a Gonzalo de Umbría por lo mismo, e a un Villafaña hizo ahorcar...

En dicho juicio María de la Vera declaró que la habían llamado para amortajar a Catalina Xuárez y ella relató que:

"Este traidor de Cortés la mató, porque al momento de la amortajarla vide las señales en el cuello de los cordeles con que la estranguló…"

Juicio de Residencia contra Hernán Cortés.

En aquel tiempo y en el actual, hombres cegados por la ambición, creen que por acumular poder, dinero, riquezas, joyas, esplendor, serán admirados. Pero al actuar con perversidad, torciendo los caminos para lograrlo, en lugar de generar admiración, generan desprecio.

La temeridad de Cortés, su férrea necedad, su hambre de poder, sus ansias de explorar los límites del mundo, se opacan deplorablemente por la crudeza de su ambición, el cinismo de su conducta y sus intolerables crímenes, pero quizás el único español mas siniestro, despreciable e inmoral que Cortés, haya sido Pedro de Alvarado, tristemente célebre por ordenar la matanza de los nobles indefensos reunidos en el Templo Mayor, y quien también mereció un juicio de residencia por sus infames atrocidades. En su incursión a Tututepec, reafirmó su merecida fama de malandrín y carnicero.

El rey de Tututepec siguió a su campo a Pedro de Alvarado, proveyó de abundantes víveres a los invasores y al capitán obsequió con cantidad considerable de oro. Esta generosidad fué la ruina del cacique. Despertada la codicia de Alvarado con aquella muestra, exigió mayores sumas, que el rey satisfacía con diarios y cuantiosos dones. Pero la sed de oro era insaciable en Alvarado. Desde Coyoacán había pensado enriquecerse en Tututepec, pues según los informes de los tehuantepecanos, poseía este pueblo ricas minas y sus caciques eran dueños de inmensos caudales y de joyas de valor inapreciable. Entre otras cosas, Alvarado mandó que le hiciesen unos estribos de oro semejantes a otros que llevaba, siendo al punto obedecido. Ya en Oaxaca, había reunido cinco ó seis mil pesos de oro, según se decía, aperreando a los señores de la tierra, es decir, azuzando á sus perros feroces para que despedazaran a los indefensos indios, obligándolos, para evitar la muerte, a dar cuanto oro tenían…

Historia de Oaxaca. Fray José Antonio Gay

En Tututepec se valió también de este medio bárbaro para conseguir que el desgraciado cacique le diese el oro suficiente para fabricar una cadena con que tener sujeto su caballo[15]. Crecida fué también la cantidad de perlas y joyas que reunió. Cortés dice que llegaron á montar las dádivas del rey veinticinco mil castellanos. Lo mismo asegura Herrera. Bernal Díaz dice que el dinero obtenido subía a más de treinta mil pesos, y el mismo Alvarado declaró en su proceso haber quintado treinta mil pesos de oro. Insaciable y ruin, aherrojó entre cadenas al infortunado cacique, quien se enojó tanto por el engaño y el ultraje, al grado de perder la salud y morir de *"muina"*, es decir, de indignación, de ira, de coraje. Parte de su deleznable conducta quedó consignada en el proceso en su contra.

X. …sabe este testigo que el dicho Alvarado estando en la Veracruz algunos mercaderes que allí estaban hacía que les diese fiadas algunas mercaderías é a menos precio…é que sabe que el dicho señor de Pápalo siendo cristiano tenia aquellas dos indias hermosas é supo este testigo que le tomó

---

[15] Capricho o vanidad equiparable a la de un narco actual.

la una la cual vio en su casa é que no contento con haberle tomado aquella oyó decir muy público que le avía tomado la otra é que el dicho Señor de Pápalo siendo el primero que en estas partes se había tornado cristiano é el mayor amigo de los cristianos, visto el grande agravio que se le hizo, de enojo fué público que murió.

Concluye el padre Gay que así fué como los Chinantecos tuvieron pronto la recompensa de su adhesión a los españoles. Por su parte, otro testigo del juicio de residencia, llamado Francisco Verdugo declaró:

"Hacía armar los tiros de fuego y poner á la boca cuatro ó cinco indios y hacía que pusiesen fuego a los dichos tiros y mataba los dichos indios que allí estaban...

...que este testigo sabe andando visitando ciertos pueblos en Guaxaca los señores se le quejaron á este testigo diciendo que el dicho Alvarado avía aperreado algunos dellos especialmente en el pueblo de Cuscatlán, que todos ellos le habían dado oro é que en un pueblo que se dice Yutepeque le avía mandado hacer una taza é otras ciertas joyas de oro".

Cortés conocía muy bien su agravada avaricia, por ello, prevenido, había escrito a Alvarado "que todo el oro que pudiese haber, que lo truxese consigo para enviar á su majestad, por causa que habían (robado) los franceses lo que habían enviado con Alonzo de Ávila é Quiñones, é que no diese parte de ello a ningún soldado". Y, además, le ordenó que fundara ahí una ciudad con los españoles antes asentados en la ciudad de Oaxaca.

"Le mandé que luego en aquella provincia buscase un sitio conveniente, y poblase en él; y mandé también que los vecinos de la villa de Segura la Frontera se pasasen a aquel pueblo…y así se hizo, y se llamó el pueblo Segura de la Frontera…dejando en ella por justicia y capitán, en mi lugar, el dicho Pedro de Alvarado. Y acaeció que, venidos los dichos alcaldes y regidores, hicieron cierta liga y monipodio, convocando la comunidad y …despoblaron la dicha villa y se vinieron a la provincia de Guaxaca, que fué causa de mucho desasosiego y alboroto en aquellas partes…envié a Diego de Ocampo alcalde mayor, para que castigase los culpados…el cual sentencio a muerte natural. Ya los pleitos están conclusos para los sentenciar en segunda instancia ante mi, aunque fue tan grave su yerro, conmutarles la pena de la muerte, a muerte civil, que es desterrarlos de estas partes, y mandarles que no entren en ellas sin licencia de V. M., so pena que incurran en la de la primera sentencia".

Pero por razones bastante comprensibles, a las que no alude Cortés, las cosas le salieron mal:

La primera razón fue que a pesar de tanta riqueza despojada al pueblo de Tututepec, Alvarado no repartió los frutos entre sus soldados, generando gran malestar. La segunda razón fue que los vecinos de la nueva villa de Segura de la Frontera, una vez que habían probado la bondad del clima en el valle de Oaxaca, rechazaron las incomodidades y el extremo calor de Tututepec, poblado de mosquitos, insectos voladores y sabandijas venenosas, tan enfermizo, que los que no sucumbieron á graves y extrañas dolencias, se vieron bastante cercanos al sepulcro; los primeros soldados que se rebelaron, fueron acusados de traición por Alvarado quien ahorcó a dos, sin remordimiento alguno. Otros lograron escapar y regresar a la recién abandonada *Segura de la Frontera*, emplazada en el templado valle de Oaxaca, donde antiguamente estuvo la guarnición azteca.

Esta villa estaba ubicada a una altura de 1500 m sobre el nivel del mar, convertida ahora en la ciudad de Oaxaca, rodeada por imponentes montañas que la protegen de los huracanes y tormentas del golfo de México y del océano pacífico, tiene el privilegio de contar con un clima prácticamente ideal y una temperatura media anual de 22 ° centígrados, con poco frío en invierno y poco calor en verano.

Los tres valles que la rodean, cuna de la formidable cultura zapoteca y con fuerte influencia de la finísima cultura mixteca, estaban densamente poblados, llenos de cultivos, plantaciones y recursos naturales, que naturalmente, despertaron codicias y enconos entre Cortés y sus propios soldados, quienes pelearon entre sí por la gracia de adueñarse de Oaxaca. Los milicianos en franca rebelión, refundaron *Segura de la Frontera*, pese a la férrea oposición de Hernán Cortes, que la quería toda para sí y no sólo la parte que se le concedió posteriormente, con el titulo de Marques del valle de Oaxaca.

Los rebeldes ganaron la partida y en 1526 recibieron la cedula real que reconocía su asentamiento como villa, acto jurídico combatido por Cortés sin éxito, y años más tarde, les fue concedido el titulo de ciudad mediante cédula real de 1532, otorgada por el rey Carlos V.

Para mayor idea de las ventajas que ofrecía el valle de Oaxaca, resulta útil la descripción hecha por el inglés

Tomás Gage, nacido en 1597, considerado el primero de los grandes viajeros que recorrieron y documentaron sus observaciones sobre el continente americano, durante los siglos de dominación hispánica.

Gage nació en el seno de una familia inglesa profundamente católica y después de un conflicto de juventud con los Jesuitas, que lo marcó para toda la vida, fue educado en el colegio de San Pablo de la Orden Dominica. Desde 1625 hasta 1637 viajó tres mil trescientas millas de México a Sudamérica y a su regreso a Inglaterra abdicó de su fe, se adhirió a la iglesia inglesa y publicó las memorias de su viaje como una proclama para que el imperio británico recuperara el continente que le estaba vedado: América. Convenció a Cromwell, el hombre de hierro, de invadirlo, informándole que estaba muy mal defendido, intento que culminó con desastrosos resultados y con una única conquista, la de Jamaica, lugar donde finalmente, atrapado en su propia trampa, murió el cronista Tomas Gage.

En sus escritos, describe así el valle de Oaxaca:

El valle tendrá unas quince millas de ancho y diez de largo, y lo riega un río muy abundante de pesca que pasa por medio. Cúbrelo muchos rebaños y vacadas, y provee de lanas las fabricas de paños de Puebla de los Ángeles, de cueros a los mercaderes de España, de carnes la ciudad de Guajaca y todas las demás del contorno que son extraordinariamente ricas, y mantienen muchos conventos con sus religiosos, y muchas iglesias con sus ornamentos. Pero lo que más nombre da al valle de Guajaca son los buenos caballos que en él se crían, y que se consideran los mejores del país.

También hay haciendas en las que se cultiva la caña de azúcar; y como a esa ventaja se reúne la de sus buenas y abundantes frutas, la ciudad de guajaca tiene fama de fabricar las mejores confituras y dulces de toda la América.

…Mas para no hablar ya de Oaxaca, solo diré que su aire es tan templado, tanta su abundancia de todas las cosas necesarias a la vida, y tal y tan cómodo su asiento entre ambos mares del norte y del sur…que no hay paraje alguno en toda la América **donde yo hubiera deseado mas establecer mi morada** que en aquella ciudad…"

Los viajes de Thomas Gage en la Nueva España.

Concluida la invasión de Tututepec en 1522, Pedro de Alvarado, acompañado del fraile Bartolomé de Olmedo y de Antonio Gutiérrez de Ahumada, cruzó la región rumbo al istmo hasta la zona de Huamelula, donde encontraron fuerte oposición de los chontales. Con la presencia de los primeros españoles en Huatulco, según testimonios arqueológicos de los entierros encontrados en la bocana del río Copalita por Raúl Matadamas, se dio la primera epidemia de sífilis.

Antonio Gutiérrez de Ahumada, subordinado de Pedro de Alvarado, a quien acompañó en el asalto a Tututepec, en el recorrido por la costa y posteriormente también a la conquista de Honduras, se apresuró a pedir a Hernán Cortes la encomienda de *Huatulco*, que le fue concedia en 1525, junto con sus 6 pueblos sujetos, mientras que Pedro Pantoja recibió en encomienda a los pueblos de *Cimatlan y Cacalotepec*. Posteriormente,   en 1528 ambos encomenderos, Antonio Gutiérrez y Pedro Pantoja, suscribieron un convenio para explotar oro en la región por un tiempo de dos años.

La encomienda existia en europa y en España desde la edad media, aunque la figura del *Comendador* no estaba permitida en la Nueva España, Cortés insistió en utilizarla para aplacar el descontento de sus soldados, -que lo acusaban de hacer trampa y haberles robado repetidamente, parte de la riqueza y los tesoros despojados que les correspondían-, asi como reclamaban también que sin ellos, la conquista no se hubiera alcanzado, por lo que Cortés cedió y empezó la repartición de encomiendas, aún antes de obtener autorización del rey. La encomienda era una merced real que repartía pueblos y concedía el servicio personal que sus habitantes debían prestar a los encomenderos y además, les autorizaba recibir el tributo y disponer de él en lugar del rey, como una recompensa especial. La encomienda no incluía las tierras de los indios, ni jurisdicción civil o criminal sobre ellos.

El tributo de Huatulco era muy variado e incluía mantas de algodón, maíz, granos de cacao, oro o plata, así como determinado número de trabajadores indios cada cierta cantidad de días. En los años siguientes el reparto continuó: a Juan Bello se le asignó *Astata*, a Diego de Ocampo se le concedió *Pochutla y Tonameca*, Francisco de Vargas poseía *Suchitepec* y Álvaro de Zamora obtuvo encomendado *Mazatán*.

Con la conformación de la primera Audiencia, ya con el aval más claro de la corona, la encomienda experimentó mayores abusos y registró excesos como otorgarse a personas ajenas a la conquista, colonos llegados tardíamente, funcionarios como los virreyes y sus parientes o a los obispos fray Juan de Zumárraga y Vasco de Quiroga. La encomienda se fue modificando conforme el interés y la avaricia de los conquistadores, quienes de hecho se consideraban señores feudales, en detrimento de los pueblos y de las instituciones reales.

Por supuesto, los españoles sabían los riesgos que entrañaban estos abusos, aún en contra de ellos mismos, como ya lo habian experimentado con el brutal despoblamiento de las islas del Caribe, pero más allá de lo racional, prevaleció la avidéz de la riqueza inmediata. Es reveladora la respuesta a pregunta específica del cuestionario mandado por la Audiencia de Santo Domingo, para evitar el choque entre Pánfilo de Narváez y Hernán Cortés, formulada el 23 de abril de 1520, en la cual Francisco de Serrantes, amigo de Cortés, responde:

> "Le parece a este testigo que si los españoles e los indios se hubiesen de mantener de lo que los indios les hubiesen de dar, los unos y los otros morirían de hambre, porque he visto sus haciendas en labranza y lo que ahora los dichos indios traen al capitán (mantas, comida, joyas y oro), es por vía de presente, pensando que los cristianos se irán de aquí".

Los invasores sabian que sus ansias de riqueza solo podían sustentarse en la pobreza de los soguzgados, y si éstos morían o no, carecía en absoluto de su interés. Además, esta claro que adicional a los atropellos y despojos materiales, los españoles, sin ninguna consideración, ultrajaban a las mujeres nativas. A estas calamidades, se sumaron las terribles pestes y epidemias. Todo esto, en conjunto, produjo la mayor tragedia humana[16] que se tenga memoria, en la cual murieron 9 de cada 10 habitantes de la américa antigua y con su muerte física, vino también la dolorosa muerte de su extraordinaria cultura, como todavía lo recordaban los habitantes de Huatulco, Tonameca y Pochutla, quienes interrogados por separado en 1579, coincidieron en señalar lo siguiente:

> Oyeron decir a sus antepasados que, antes que los españoles viniesen, solían vivir sanos y recios, y mucho más tiempo, hasta venir a ser muy viejos, de casi cien años, y que, despues que vinieron los españoles, comenzaron a morirse todos; y la causa dello había sido porque los apartaron de sus dioses, que les decían lo que había de hacer para sanar cuando caían enfermos…y ya no tuvieron medicos ni quien los curase, como antiguamente solian tener, y después que vinieron los cristianos, dende a dos años, comenzó a haber enfermedad, de que vinieron a morir muchos; y esta enfermedad que les dio fueron cámaras de sangre, morían cada día cincuenta y sesenta personas en este pueblo…y así, se acabaron todos los indios desta tierra.
>
> Relación de Guatulco y su partido.1579.
> Papeles de la Nueva España.

Resulta extraordinaria la similitud de este relato de los huatulqueños de ayer, con la descripción que quizá sea el

---

[16] 60 millones de indígenas, en comparación, la ONU hace un balance de 50 millones de muertos en la segunda guerra mundial.

lamento mas triste y revelador de la violenta invasión europea y sus funestas consecuencias, sobriamente escrito por los mayas en el *Chilam Balam de Chumayel*:

Había en ellos sabiduría.

No había entonces pecado.

Había santa devoción en ellos.

Saludables vivían.

No había entonces enfermedad,

no había dolor de huesos,

no había fiebre para ellos,

no había viruelas,

no había ardor de pecho,

no había dolor de vientre,

no había consunción.

Rectamente erguido iba su cuerpo entonces,

pero vinieron los Dzules (españoles)

y todo lo deshicieron.

Ellos enseñaron el miedo.

Vinieron a marchitar las flores,

para que su flor viviese.

Ese fue el origen del asiento del segundo tiempo,

y es también la causa de nuestra muerte:

no tenemos buenos sacerdotes,

no tenemos sabiduría,

y al fin, se perdieron el valor y la vergüenza...

La baja demográfica de los naturales de la región provocada por este brutal choque y sus secuelas económicas, morales, jurídicas y políticas llevó a la Corona a no otorgar más encomiendas en sus dominios e imponer la figura del Corregidor, para buscar una mejor administración, limitar el poder de los encomenderos y establecer entidades territoriales más grandes. En la eterna lucha entre el bien y el mal, éste último pronto terminaría por corromper el nuevo modelo de gobierno encarnado en los corregidores.

El resurgimiento de Huatulco

Al escuchar los informes de Alvarado y advertir su importancia marítima y geográfica, Hernán Cortés quiso construir un astillero en Huatulco desde 1523, pero finalmente inició la construcción del astillero del Carbón, cerca de Tehuantepec, para aprovechar la cercanía con las preciosas maderas de *Los Chimalapas*[17], necesarias para construir las embarcaciones.

La creación de este astillero no duró mucho, porque los fuertes vientos que azotaban *La Ventosa* entorpecían los trabajos de construcción y dificultaban el arribo de las naves; por lo que sus funciones principales se trasladaron a Huatulco.

Aparte de haber experimentado con los puertos de Zacatula y Tehuantepec, Cortés tambien había explorado las posibilidades del puerto de Acapulco, que en aquella época, no contaba con la cercanía de población nativa suficiente, ni camino adecuado para el traslado desde la ciudad de

---

[17] Hasta la fecha, *Los Chimalapas* cuentan con la selva mejor conservada del país, con grandes árboles de maderas preciosas.

México o de Verácruz, de todos los insumos y mercancias, necesarios para la construcción y el comercio marítimo.

Como se mencionó, muchos de los herrajes, insumos y mercancias que se requerian para impulsar la industria marítima llegaban de europa al puerto de Veracruz, cuya cercanía con Coatzacoalcos y su navegacion río arriba, permitia continuar por tierra con tamemes y mulas hacia Tehuantepec primero, y finalmente, hacia la bien protegida bahia de Huatulco, como puerto seguro de exploración y exportación. Otro factor sumamente importante fue el establecimiento de los virreinatos de la Nueva España y del Perú, con lo que se recobró en forma natural, su antigua vinculación por mar a través del puerto de Huatulco.

La primacía de Huatulco se fortaleció con la llegada de artesanos especializados en la construcción y reparación de barcos, así como para su mantenimiento. Los bosques de las montañas cercanas brindaban madera y brea para calafatear, y la costa brindaba algodón, entre ellos el apreciado tipo llamado *coyuche*, para las velas, así como pita y magueyes, para las cuerdas y los amarres.

Para todo aquel que quisiera ir a Perú desde la ciudad de México, la mejor ruta era Veracruz-Coatzacoalcos-Tehuantepec-Huatulco. En 1550, el virrey Antonio de Mendoza, presentó su solicitud de retirarse de su alto cargo para irse a vivir a España, petición que no fue aceptada por el rey, quien lo envió con el mismo cargo a Perú, por lo que el mismísimo virrey tuvo que trasladarse hacia Huatulco.

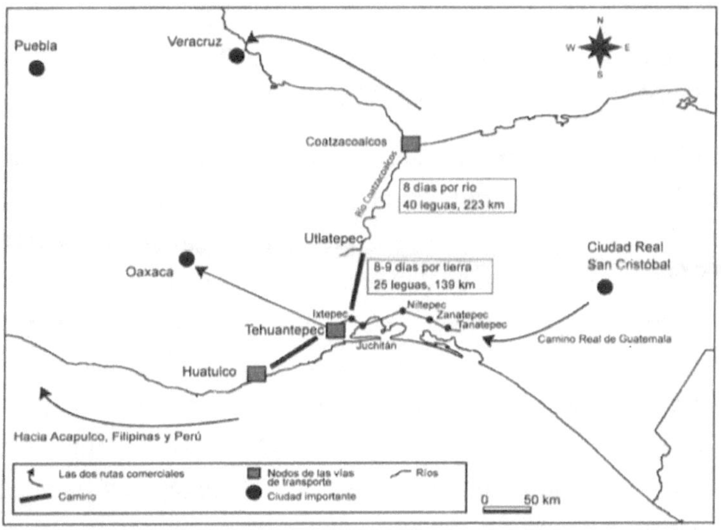

La primera ruta del Istmo, siglo XVI. Elaboración: Odile Hoffmann

Podemos imaginar que su equipaje no era poco y no le quedó más remedio que pedir autorización para usar tamemes, ya prohibidos en ese tiempo, mismo que le fue concedido por su sucesor, el nuevo virrey:

"Yo don Luis de Velasco, visorrey. Por cuanto Juan de Torres, criado del señor visorrey don Antonio de Mendoza va al pueblo de Tehuantepeque a recibir la tropa y otras cosas que por la vía de Guaçaqualco se ha enviado al puerto de las canoas de Utlatepeque y porque desde el dicho puerto hasta el dicho puerto de Huatulco convendrá para el aviamiento del dicho señor visorrey que se lleven tamemes por no haber camino abierto ni arrías que puedan ir al dicho puerto de Huatulco. Atento lo cual por la presente doy licencia al dicho

> Juan de Torres para que… pueda llevar y enviar hasta el puerto de Huatulco en los tamemes que fueren menester sin que a ello se le ponga impedimento alguno."[18]

Trecientos años después, esta ruta todavía era aprovechada, en 1857, por *The Louisiana Company* como la mejor forma de viajar del este al oeste americano: salian de Nueva Orleans rumbo a Coatzacoalcos, navegaban rio arriba y continuaban por tierra a Tehuantepec-Huatulco, para de ahí embarcarse a San Francisco, California. Un socio de la empresa, el senador John Macloud, señaló que dentro de las negociaciones pendientes del tratado Maclane-Ocampo que daba luz verde al uso del Istmo de Tehuantepec a Estados Unidos, estaba previsto negociar para su compañía el uso exclusivo de Huatulco, del cual dijo que era *"el puerto mas bello de México"*.

En 1526, visitó la región Don Juan Peláez de Barrio, como representante del incipiente cabildo de Antequera, llevando como uno de sus objetivos delimitar el territorio de lo que después sería la Intendencia y el Arzobispado de Oaxaca. Peláez encontró una población indígena hablante de zapoteco, ya que en esa lengua aparecen los nombres de todos los puntos geográficos que colindan con la población de Santa María, según sus títulos primordiales, cuyo primer reconocimiento data de 1539, donde indica que en esa época vivía en Santa María Huatulco un pequeño grupo de

---

[18] "Licencia para la tropa del señor visorrey don Antonio de Mendoza", AGN, Mercedes, vol. 3, exp.

españoles, entre los que figuraban don Juan García y don Domingo Pérez.

El Gobierno de la Nueva España, en vista de las condiciones geográficas, sociales y económicas, así como por las magnificas condiciones del puerto de Huatulco para recibir a los navíos y protegerlos de los vientos y tempestades, determinó oficialmente abrirlo al comercio y desde 1535 figuró como el puerto más importante del pacífico en la naciente Nueva España y continuó así, hasta el año de 1575.

Pronto alcanzó pronto una gran actividad comercial continuando la exportación de los textiles y productos de la Nueva España hacia Centroamérica y sobre todo, al reino del Perú, pero entre sus misterios por develar, falta desentrañar el papel que jugó en el inicio de la gran aventura marítima que fructificó muchos años después, con el soñado establecimiento de la ruta comercial hacia las riquezas de oriente, en la sorprendente travesía del famoso Galeón de Manila.

La legendaria Nao de China

Desde que las historias de Marco Polo recorrieron Europa, las tierras incógnitas del Oriente se convirtieron en una obsesión para Occidente, porque hablaban de preciosas telas entre sedas, tafetanes, rasos y terciopelos; marfiles, perfumes y joyería exóticas, así como deliciosas especias que llegaron a valer más que el oro.

Se mencionó que las guerras entre otomanos, musulmanes y cristianos volvieron imposible el paso de las caravanas, pero Europa continuaba ávida de sus preciados productos, lo que impulsó a los portugueses a explorar hasta encontrar una ruta marítima, que les dio la hegemonía mundial de este comercio.

España se encontró con América cuando Cristóbal Colón buscaba una nueva ruta al oriente y con ello, amplió sus planes de colonización del continente africano al americano, pero también perseveró en encontrar la vía a las riquezas asiáticas.

En el año de 1521 sucedieron dos acontecimientos que harían posible la anhelada ruta hacia Asia: la expedición de Magallanes que descubrió las Filipinas navegando el pacífico y la caída de *México-Tenochtitlán*.

Cruzando dos terceras partes del mundo, Fernando de Magallanes llegó al archipiélago filipino y tomó posesión jurídica de las islas, bajo el trono español, pero sin dejar un solo soldado que le valiera la colonización a España, que pretendía arrebatar la jurisdicción de estas islas al poder de Portugal. Aunque se enviaron sin éxito otras dos expediciones desde la península ibérica, con la consolidación del dominio de la Nueva España, se advirtió la enorme ventaja de continuar dichas exploraciones desde las costas del pacífico mexicano.

El cruce interoceánico por el Istmo de Tehuantepec navegando el Coatzacoalcos río arriba y su enlace terrestre a Tehuantepec y Huatulco, confirieron a esta región una importancia estratégica en la cristalización de la gran aventura de oriente. Es revelador el relato de Torquemada sobre fray Martin de Valencia, uno de los primeros religiosos en venir a la Nueva España, a quien atribuye haber plantado la famosa Cruz de Huatulco, cuando vino a este lugar *"...queriendo hacer jornada por mar a la China"*[19].

El estadounidense Murphy en su visita a Huatulco en el año de 1859, también recogió la tradición del comercio con China, como nítidamente lo describe Charles Brasseur, en su famoso libro *Viaje al istmo de Tehuantepec*:

---

[19] *Fray Juan de Torquemada. Monarquía Indiana. Ed. Porrúa, México, 1969, Tomo III p. 205.*

Las tradiciones de que le habían hablado, le habían sido confirmadas por los habitantes del vecindario; se le había asegurado que, en tiempos remotos, habían venido, repetidas veces, varios navíos desde lejanas regiones…de China y de Japón, a comerciar con los príncipes mercaderes de Huatulco.

Es posible, como veremos adelante, que tratándose de un comercio tan lucrativo y por las múltiples veces que Huatulco fue asaltado, saqueado e incendiado por los piratas y por lo mismo, repetidamente despoblado por sus habitantes, este puerto haya sido utilizado frecuentemente por los contrabandistas para el comercio con oriente y Sudamérica, con la consecuente ausencia de información.

La historia oficial dice que, perseverante, el 24 de julio 1525 el rey Carlos V envió a las *islas Molucas* una nueva armada de 7 naves que salió de La Coruña, al mando del comendador de la orden de San Juan, fray García Jofre de Loayza, acompañado del piloto mayor Juan Sebastián el Cano, el héroe marino que logró regresar vivo de la expedición de Magallanes y primero en dar la vuelta al mundo, así como del joven cosmógrafo Andrés de Urdaneta y del experimentado maestre Juan Rodríguez Bermejo, aquel simple marinero que avistó América en el primer viaje colombino.

Los viajes en aquella época, que podían durar meses o años, eran extremadamente peligrosos, por las tormentas inesperadas, los naufragios, las corrientes desconocidas, la falta de alimentos y de agua dulce, la descompostura de las embarcaciones, la proliferación de enfermedades, el escorbuto entre muchas otras, que obligaban, como dato curioso, a quienes se enrolaban en estas aventuras, *a arreglar sus testamentos y presentarse confesados.*

Aunque llegaron a las islas de la especiería, la expedición fracasó y murieron Jofre de Loayza y Juan Sebastián el Cano, pero el cosmógrafo Andrés de Urdaneta logró salvar la vida, permaneció varios años en las islas Molucas y acumuló un vasto conocimiento de su geografía, de las corrientes marítimas, de sus habitantes y de la rica producción de especias, que serían muy útiles posteriormente. Señaló, por ejemplo, que al año se podrían traer de esas tierras *más de once mil quintales de clavo, seis mil quintales de nuez moscada, varios miles de jengibre, de pimienta y de canela.*

A mitad de esta misma expedición, al terminar de cruzar el estrecho de Magallanes, una de las naves del grupo, *el Santiago,* comandado por Santiago de Guevara, se extravió y arribó a Huatulco en el año de 1526, con su tripulación muriéndose de hambre y enfermedades. La tradición cuenta que uno de los náufragos, el padre Juan de Aréizaga, se atrevió desde su embarcación, a intentar llegar a tierra subido en una caja de madera, que naturalmente se hundió, por lo que el valiente sacerdote siguió a nado limpio hacia la playa. No le alcanzaron las fuerzas y los indios que estaban observando se arrojaron al mar para salvarlo. Luego que se hubo repuesto lo llevaron ante una cruz encajada en alto y el padre escuchó que le decían ¡*Santa María, Santa María!,* Aréizaga se hincó y adoró la santa cruz. Después recibió auxilio del piloto Hernando de Saavedra, quien llegó de Tehuantepec, donde estaba al mando de los astilleros, enviado por Cortés, para conducir al padre a la ciudad de México, ante su presencia. Según este religioso el nombre de fundación del pueblo de Huatulco, es Santa María. Con las noticias recibidas de esta exploración en marcha hacia oriente, Cortés comprobó que si quería competir, tendría que adelantar sus propios planes.

En abril de 1526 el rey español envió nuevamente cuatro naves al mandó del veneciano Sebastián Caboto a buscar noticias de la expedición de Loayza, pero este personaje al tocar costas brasileñas desvió el mandato del rey y decidió explorar el río de la plata. Al no tener noticias de estas expediciones, en junio de 1926 el rey ordenó a Cortés enviar naves a buscarlos y auxiliarlos.[20]

El 31 de octubre de 1527, Hernán Cortés envió tres barcos nombrados *Florida, Espíritu Santo* y *Santiago* rumbo a Asia, bajo al mando de Álvaro Saavedra Cerón, que zarparon de Zihuatanejo, con el propósito de buscar a los marineros perdidos y encontrar la ruta a oriente. En el camino naufragaron el *Espíritu Santo* y el *Santiago* y el tercero, *la Florida* al mando de Álvaro de Saavedra Cerón, llegó final y felizmente a Tidore, en las *islas Molucas*, el 27 de marzo de 1528, donde encontró a la expedición de Loayza, logrando alcanzar parte de su cometido; ahora solo

---

[20] *Cedula de Carlos V a Hernán Cortés, fechada en granada, el 20 de junio de 1526. AGN. Archivo del Hospital de Jesús, leg. 438, exp. 1.*

faltaba encontrar una ruta segura de regreso a la costa americana.

La Florida partió hacia Nueva España el 14 de junio de 1528, cargada con sesenta quintales de clavo de olor, pero en su intento de regresar a las costas de la Nueva España, fue desviado por los vientos alisios del noreste, que lo lanzaron de nuevo a *las Molucas*, por lo que tuvo que regresar a Tidore, adonde llegó el 19 de noviembre de 1528.

Álvaro Saavedra realizó un segundo intento navegando más al sur, sin conseguirlo. Por su dependencia de los vientos y de las corrientes marinas para navegar, era requisito indispensable encontrar las circunstancias adecuadas para hacerlo. Estas condiciones favorables ya se habían encontrado y comprobado en la ruta de América hacia Asia, pero faltaba la ruta que hiciera posible el tornaviaje.

En un tercer intento, navegó hacia las costas de Nueva Guinea, una de las pocas islas conocidas del Pacífico en esa época, y después de recibir agua y alimentos de los nativos se dirigió al noreste, en donde descubrió los grupos de las islas Marshall y las islas del Almirantazgo. Desembarcó en la pequeña isla de *Enewetak*, donde prosiguió su viaje hacia el este, buscando el ansiado retorno a la Nueva España y nuevamente fue sorprendido por los vientos, que lo llevaron de regreso a *las islas Molucas*.

El 3 de mayo de 1529, hizo un cuarto y desesperado intento por regresar a la Nueva España, pero le sorprendió una tempestad que lo obligó a regresar, muriendo Saavedra Cerón en el trayecto. A su muerte Pedro Laso tomó el mando de la expedición. Navegaron hacia el norte hasta el paralelo 31° N pero al no encontrar vientos del oeste y por la inesperada muerte de Pedro Laso, decidieron dar la vuelta y regresar a *las Molucas*, llegando a *Halmahera,* junto a Tidore el 8 de diciembre de 1529. Fueron capturados allí por los portugueses y mantenidos en cautiverio durante 5 años. En 1534, los 8 miembros sobrevivientes de su tripulación regresaron a España, sin haber encontrado la huidiza corriente de retorno por el este.

Mientras tanto, Cortés, desterrado en 1527 por la Primera Audiencia de México, fue a Castilla para enfrentar algunas acusaciones y para reclamar la gobernación de Nueva España, pero solo consiguió el marquesado del Valle. En 1529, firmó un convenio con la Corona española por el cual se obligaba a enviar por su cuenta *armadas para descubrir islas y territorios en la mar del Sur.* El convenio estipulaba que de las tierras y ganancias que se obtuvieran, una décima parte corresponderían al descubridor en propiedad perpetua, para sí y sus descendientes. En 1530 se quejó amargamente ante el rey porque 5 embarcaciones que tenía listas en Tehuantepec para partir a *las Molucas* en auxilio de su primera flota enviada al mando de Saavedra, fueron saboteadas, porque en su ausencia, la Primera Audiencia de la Nueva España encarceló a su lugarteniente Francisco Maldonado *El Ancho*, confiscó su equipo y bastimentos, prohibió trabajo alguno y con ello provocó la ruina de las embarcaciones, dejándolas abandonadas e inservibles.

Cortés elucubró que si Magallanes había descubierto un estrecho al sur del continente, tendría que existir uno al norte. Contaba con documento que lo autorizaba y confió que el convenio que le permitía explorar el Pacífico era buen negocio, por lo que perseveró en 4 ocasiones, la primera el 30 de junio 1532, envió dos naves que partieron de Tehuantepec y reconocieron las Islas Marías; la segunda el 30 de octubre de 1533 con otros dos barcos, que llegaron a las islas Revillagigedo y a La Paz; la tercera con tres navíos en 1534, que igualmente llegaron a La Paz y finalmente la cuarta expedición en 1539, con tres naves al mando de Francisco de Ulloa, que aunque reconocieron las costas y el golfo de california, fueron estrepitosos fracasos económicos y nulos los resultados en descubrir tesoros fabulosos y menos aún, el ansiado estrecho entre los dos mares.

Mientras tanto, nuevos vientos soplaron en la Nueva España con la llegada de un avezado diplomático, militar y político con cuarenta años de experiencia, nombrado primer virrey, don Antonio de Mendoza, cuyo padre tambien fue el primer virrey designado por los reyes católicos en la ciudad de Granada, entonces recien conquistada y convertida a una nueva religión, con poblacion mora mayoritaria y hostil. En esa tierra donde los nobles y militares castellanos vivían encerrados en la Alhambra, rodeados por multitud de *Moros*, fue donde Antonio de Mendoza forjó su carácter tolerante y negociador, lo que a los ojos de la corte española presentaba grandes ventajas por su paralelismo con la situacion que se guardaba con los indios americanos.

Virrey con nombramientos adicionales de gobernador, capitán general y presidente de la Real Audiencia de México, desde el 17 de abril de 1535, enfrentó la resistencia del capitán general Hernán Cortés, quien al final tuvo que subordinarse. Sometió a juicio a Nuño Beltrán de Guzmán, expresidente de la Primera Audiencia, bajo la acusación de corrupción y maltrato a los naturales. Los cargos fueron plenamente probados y Nuño fue enviado preso a Castilla, en 1538.

Sus quince años de mandato en la Nueva España, lo convirtieron en supremo organizador del virreinato novohispano. Fundó la Casa de la Moneda, El colegio imperial de la Santa Cruz de Tlatelolco, destinado a la educación de los indios nobles, donde colaboraron Andrés de Olmos y Bernardino de Sahagún. Fundó el colegio de San Juan de Letrán, para los indios y mestizos, y el de La Concepción, para mujeres. Inició gestiones para crear la Universidad de México y estableció la primera imprenta de América. Por otra parte, reprimió la rebelión del Mixton y fray Bartolomé de las Casas lo excomulgó por su apoyo a los encomenderos.

Ejecutó numerosas obras públicas en la ciudad de México, acondicionó muelles, forificaciones y edificios en Veracruz y fundó en 1541 la ciudad de Valladolid, hoy Morelia. Retomó las exploraciones marítimas y equipó a Ruy López de Villalobos para viajar a las Indias Orientales, quien partió del Puerto de Navidad en 1542, a bordo de seis navíos de diferentes tamaños.

En 1543 esta flota tocó la costa sur de la isla de *Mindanao*, donde hicieron contacto con los indígenas malayos. De allí partieron hasta alcanzar la isla de Leyte y las nombraron *Islas Filipinas* en honor al príncipe Felipe II. Conquistaron otra isla a la que bautizaron como *Antonia* en honor al virrey, aunque a causa del hambre y la falta de refuerzos se contrataron con los señoríos locales como mercenarios. Villalobos murió en 1544, pero después de muchos infortunios, pasar hambres y estar presos, unos pocos miembros de la tripulación consiguieron regresar y contaron sus historias al virrey, quien a partir de esa fecha, consideró lo que llamó la *Capitanía General de las Filipinas* como parte de la Nueva España. En 1550 Antonio de Mendoza se embarcó en Huatulco rumbó al Perú, para asumir su virreinato.

Tuvieron que pasar 20 años para que surgiera formalmente otro intento de exploración formal a las Filipinas. En 1555 Carlos I abdicó a favor de Felipe II, quien con renovados bríos y con el nuevo virrey Luis de Velasco, encargaron a Miguel López de Legazpi hacerse a la mar en una nueva expedición que zarpó del Puerto de Navidad, el 21 de noviembre de 1564. En el viaje conquistó *Guam*, las Islas *Marshall* y las Islas *Marianas*, tocando *Samar* el 27 de abril de 1565. Hábilmente, López de Legazpi evitó hostilizar a los moradores de las islas. Por la escasez de productos, Legazpi se vio forzado a trasladarse de isla en isla merodeando y buscando sitios donde expandir los dominios españoles. El movimiento se vio favorecido porque los habitantes estaban enfrentados y Legazpi logró establecer fácilmente alianzas, levantando al poco los primeros asentamientos españoles en la villa del Santísimo Nombre de Jesús y en la villa de San Miguel, donde se quedó a vivir, con el nombramiento de Gobernador de las Filipinas, que le había sido otorgado antes de partir.

Para completar el éxito de la misión, se seleccionó para el regreso el mejor navío y sólo faltaba encontrar la aguja en el pajar; es decir, dentro de la inmensidad del océano pacífico, localizar la corriente marítima favorable para asegurar el ansiado retorno, que tantos fracasos y muertes ocasionó a las expediciones anteriores.

Para vencer este gran desafío, desde la lejana península ibérica, con gran inteligencia y sensibilidad el rey Felipe II había hurgado afanosamente en los misteriosos mapas y documentos confidenciales de su biblioteca, en la tarea de seleccionar los libros que en el futuro se trasladarían a la biblioteca de *El Escorial*, concebida por él mismo para llegar a ser la mejor biblioteca del mundo, y afortunadamente, encontró indicios en esos papeles, que apuntaban a una magnífica arma secreta, convertida en una sombra solitaria entre las oraciones y la soledad, guardada en un oscuro convento agustino, en la ciudad de la Nueva España.

Un minucioso informe fechado en 1536, recibido casi treinta años atrás, relataba once años de experiencias y travesías en el lejano oriente, de un cosmógrafo llamado Andrés de Urdaneta, aquel joven que a los 17 años había acompañado a Loayza y a Juan Sebastián El Cano en la trágica expedición de 1525. Este documento atrajo poderosamente la atención del rey. Urdaneta no sólo logró salvar su vida en aquella expedición, sino que se quedó a vivir nueve años en la región, recorrió con curiosidad todas las islas que pudo, anotó sus observaciones y finalmente, logró embarcarse rumbo a España, siendo en el camino apresado en Portugal y después de liberado, buscó al monarca español, a quien entregó su valioso informe, ahora reencontrado. El rey ordenó localizar a Urdaneta, quien se había convertido en monje agustino desde 10 años atrás y en la tranquilidad del convento, se dedicó a estudiar a profundidad el arte de la navegación que llevaba en la sangre. El rey le escribió una carta personal y le ofreció *todos los reconocimientos a que hubiere lugar, pidiéndole que encabezara una nueva expedición*[21],

Previamente, el virrey de la Nueva España ya había entrado en comunicación con Urdaneta, quien aceptó gustoso la solicitud del rey, pero cedió el mando de la expedición a su paisano de Guipúzcoa, Miguel López de Legazpi, encumbrado escribano real en la Nueva España.

---

[21] Carlos PRIETO, El Océano Pacífico: navegantes españoles del siglo XVI. Madrid, Editorial Alianza, 1984

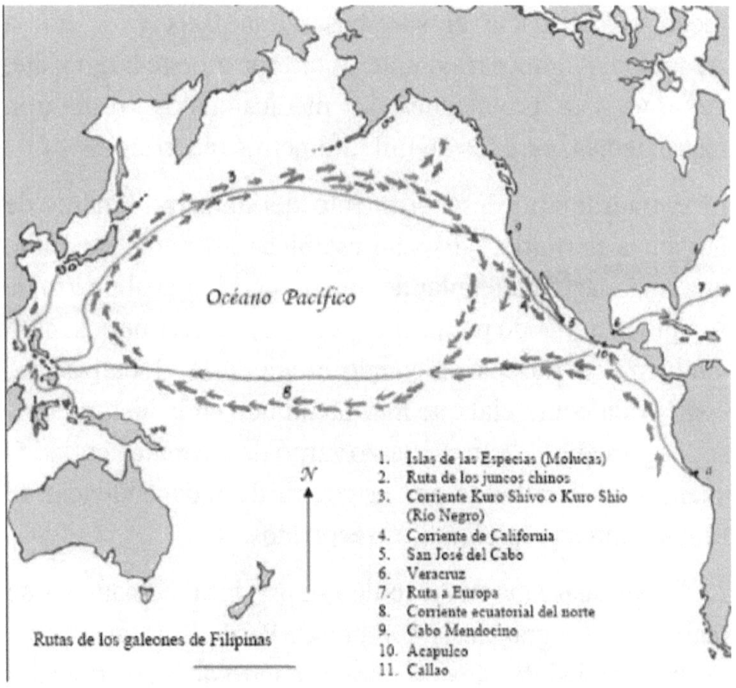

Ruta de la Nao de China establecida por Andrés de Urdaneta.

Merced a sus extraordinarios conocimientos de navegación acumulados a lo largo de su vida, diseñó todo el viaje antes de partir y señaló con exactitud la ruta que debía intentarse para el regreso, con tal exactitud que Andrés de Urdaneta culminó con un rotundo éxito su misión, navegando hacia el norte antes de dirigirse al este, aprovechando los vientos alisios y la corriente después identificada como *Kuro Shivo*, que lo llevarían de vuelta a la costa de América. Alcanzó el litoral cerca del cabo Mendocino, en la actual California y luego siguió hacia el sur, hasta San Blas y de ahí a Acapulco. Algunos tripulantes murieron en este largo viaje, ya que las provisiones y medicamentos resultaron insuficientes, para los 16 mil kilómetros recorridos.

El extraordinario descubrimiento del agustino Andrés de Urdaneta permitió a España establecer, a partir de 1565, una ruta marítima regular del puerto de Manila al puerto de Acapulco, uniendo por primera vez Asia con América, pero también con Europa, iniciando la era de la globalización, con la ruta comercial que más ha durado en la historia: dos siglos y medio. El último barco zarpó de Acapulco en 1815, cuando los conflictos por la guerra de independencia de México interrumpieron esos recorridos.

La Nao descargaba en Acapulco su preciosa mercancía y se realizaba una gran feria comercial. Parte de la mercancía iba a la ciudad de México, otra al puerto de Veracruz para ser enviada a España y otra a Huatulco para el comercio con Perú. La llegada de la mercancía oriental a la ciudad de México creó toda una tradición al montarse un mercado espectacular, con objetos sumamente apreciados. La llegada de las mulas con la valiosa mercancía, muchas veces coincidía con el día de Corpus Christi, provocando que los jueves de Corpus se conocieran también como *día de las mulas*. A pesar de que los viajes de la Nao se interrumpieron en 1815, en México se sigue festejando esta tradición del Jueves de Corpus como el día de las mulas.

Con estas naves colmadas de riquezas y tesoros se dio un importantísimo intercambio comercial; de Acapulco se enviaba plata fundida en barras o monedas, tintes, semillas, tabaco, camote, cacao, aceite de oliva y vino; desde Manila salían de China, preciosas telas entre tafetanes, terciopelos, rasos y sedas; perfumes, tibores, calcetas y pañuelos, colchas y manteles; de Medio Oriente venían damascos, tapices, alfombras persas; de la India bellísimos marfiles, piedras preciosas y ropa de algodón; de Japón, afamadas espadas, finos abanicos, elaboradas cajoneras, arcones, cofres y joyeros laqueados, peines y porcelanas finas; además, sándalo de Timor, clavo de las Molucas, pimienta y canela de Ceilán, alcanfor de Borneo, jengibre de Malabar. También de Oriente provenían la lana de camello, la cera, los bejucos para cestos, jade, ámbar, conchas de madre perla y pólvora.

El éxito del Galeón de Manila era la plata mexicana, que tenía un precio muy alto en Asia, ya que el coeficiente bimetálico existente la favorecía en relación al oro, porque la plata era más escasa que en Europa. Esto permitía comprar con ella casi todos los artículos suntuosos fabricados en Asia, a un precio muy barato y venderlos luego en América y en Europa con un inmenso margen de ganancia.

Los terminales de Manila y Acapulco constituyeron en su tiempo los emporios comerciales de artículos exóticos y sus ferias fueron más pintorescas que ninguna. La feria de Acapulco se reglamentó en 1579 y duraba un mes por lo regular. La mercancía introducida en América por el Galeón de Manila terminó con la producción mexicana de seda y estuvo a punto de dislocar el circuito comercial del Pacífico. La refinadísima sociedad peruana demandó pronto las sedas, perfumes y porcelanas chinas, ofreciendo comprarlas con plata potosina y los comerciantes limeños decidieron librar una batalla para hacerse con el negocio. A partir de 1581 enviaron directamente buques hacia Filipinas. Se alarmaron entonces los comerciantes sevillanos, que temieron una fuga de plata peruana al Oriente y en 1587 la Corona prohibió esta relación comercial directa con Asia. Quedó entonces el recurso de hacerla a través de Acapulco hacia Perú, pero también esto se frustró, pues los negociantes sevillanos lograron en 1591 que la Corona prohibiera el comercio entre ambos virreinatos, y con ello, afectaron gravemente el vigor comercial de Huatulco.

El comercio sirvió como fuente esencial de ingresos de los colonos mexicanos y españoles que vivían en las islas Filipinas. Hasta 1593, tres o más barcos zarpaban al año de cada puerto, pero el comercio de Manila llegó a convertirse en algo tan lucrativo, que los comerciantes de Sevilla elevaron nuevamente al rey Felipe II una queja sobre sus pérdidas, y consiguieron que en el mismo año de 1593, una ley limitara a sólo dos barcos cada año, partiendo de cualquiera de los puertos, con uno quedando en reserva en Acapulco y otro en Manila. Una escolta armada también se admitía, ante el asedio ya comprobado de los piratas. Estas limitaciones provocaron que se construyeran los barcos mas grandes de la época para esta ruta. En el siglo XVI, eran de mil 700 a 2 mil toneladas y podían llevar hasta un millar de pasajeros. *La Concepción*, que naufragó en 1638, tenía una eslora de 49 metros y desplazaba las 2 mil toneladas. El *Santísima Trinidad* alcanzó 51.5 metros de largo.

La Nao de China no sólo transportó bienes, sino también favoreció el intercambio cultural y muchos de los llamados *castillas* o españoles en Filipinas eran en realidad mexicanos. La cultura hispana de Filipinas está bastante cercana a la cultura mexicana. Así que cuando México finalmente obtuvo su independencia los dos países continuaron el comercio, a excepción de un breve período de calma durante la guerra hispano-estadounidense.

Los galeones de Manila navegaron en el Pacífico durante casi tres siglos, Sólo 4 fueron capturados por enemigos y los naufragios de los galeones de Manila se convirtieron en fabulosas leyendas. En 1568, el propio barco de Miguel López de Legazpi, *San Pablo*, fue el primer galeón de Manila en ser destruido en el camino a México.

La Capitania de Filipinas dependia directamente del virrey de la Nueva España y todas sus transacciones con la península ibérica se hacían, forzosamente, a través del territorio mexicano: sus funcionarios civiles, militares o eclesiásticos, para llegar a Filipinas, yendo de la madre patria, pasaban necesariamente por México y hacían escala tantas veces, que los misioneros que doctrinaban a los filipinos tenían hospicios fundados en México, donde se albergaban y descansaban, antes de ir a ejercer allá sus ministerios; el virrey nombraba los capitanes de mar que hacían ese comercio y había migraciones mutuas, de filipinos a México, donde formaron la casta llamada *de los chinos*, y de mexicanos a Filipinas, bien que la última era muchas veces forzada, por leva militar o por deportación, pues la gente maleante era enviada a Filipinas por castigo; en suma, las Islas Filipinas podían considerarse como una subcolonia del reino de México. El mango de manila, las peleas de gallos, el colorido del traje de la famosa china poblana, el manton y los tercipelos del traje del istmo de Tehuantepec, así como *las filipinas* de los chef's, son algunas herencias de aquellos lares.

El comercio con Centroamérica y el Perú

En 1537 Cortés envió su primer barco mercante, *San Vicente* a Panamá. El cargamento consistió en biscocho, lonjas de tocino y queso. En 1539, envió su segundo barco mercante, el *San Lázaro*, a Panamá, que recibió en septiembre un tercer y último cargamento comercial enviado por Cortés.

En ese mismo año, con fecha 8 de enero de 1539, se expide la merced y titulación real para la fundación de Santa María Huatulco. Llama la atención la mención explicita de su fundación "*...a las orillas del mar*", otorgada a los caciques y señores Juan García, Domingo Pérez y Juan de Zúñiga y Cortés, éste último vinculado a la familia propietaria de las minas de sal de Tehuantepec.

Por su parte Diego Campo solicita que "*le den indios de los pueblos comarcanos para que lleven mástiles y timón para el navío que tiene en este Puerto*". Información que hace evidente la necesidad de trabajadores en apoyo a las obras especializadas en navegación.

Iniciando el año de 1542 aún persistía la figura indígena de *calpixque*, cargo que desempeñaba Antonio Montalvo y a él se dirigió el virrey Antonio de Mendoza para tratar de dar solución a los problemas asociados a la expansión de las actividades del puerto, donde los naturales eran victimas de excesos:

> Antonio de Montalvo, *calpixque* en el pueblo de Huatulco. Que Francisco Guillen, en nombre de los naturales, del me a fecho relación que por el dicho pasan muchos pasajeros o otras personas e que estos toman e llevan a los naturales del dicho pueblo cargados por fuerza contra su voluntad, a que vayan trabajar a los navíos e otras cosas de que reciben agravio...

Durante la primera guerra civil entre los conquistadores del Perú, Hernando Pizarro, primo segundo de Hernán Cortés, encabezó al bando de su hermano Francisco Pizarro, enfrentando a los almagristas, a quienes derrotó en la batalla de las Salinas. Apresó a Diego de Almagro y lo hizo estrangular en su celda, para luego decapitar su cadáver en la plaza principal del Cuzco. Ello le valió ser sometido a juicio en España, permaneciendo encarcelado durante veinte años en el Castillo de la Mota. Hernando Pizarro, descrito como *hombre de alta estatura, grueso y de carácter extremadamente prepotente,* desembarcó en Huatulco en 1541, en su camino hacia España, para defenderse de la acusación del asesinato de Almagro. En noviembre de ese año, 1542, el barco peruano *Todos Santos,* carga en Huatulco árboles de membrillo, durazno, perales y manzanos, para llevarlos a América del Sur.

EXTRACTO DE LOS TITULOS PRIMORDIALES DE SANTA MARÍA HUATULCO

"...Al centro de la primera de las siete hojas de que se compone: Sello con las Armas de Monarquía Española y que dice: Caralus M.-D.G. Hispanian Rex.-Una Cruz.-Sello Cuarto, Un Cuartillo;... Texto: La fundación del pueblo de Santa Maria Huatulco.- Pueblo fundado y antiguo en presencia del Gobernador y Alcaldes y todos los oficiales de toda la Republica, de Casiques y Principales de este pueblo de Santa Maria de Huatulco, pueblo fundado orillas del mar, le dieron el parabién su buena venida del Señor Don Fernando Cortes mando conquistar a este pueblo de Santa Maria de Huatulco con su gran poder mando hacer la Merced y Titulos =Gobernador Capitán General de la Nueva España a Vos Don Juan Garcia y Don Domingo Pérez y Don Juan de Suniga y Cortes Fundador y Poblador de este Pueblo de Santa Maria de Huatulco hos hago esta merced y titulo a que luego al instante tome la posesión de vuestras tierras de lomerias y Serros altos y bajos y Rios de aguas y Mar y Lagunas de pesca y Salinas como relieve las Escrituras nuestras gente pasados. Vista las Escrituras en esta sala del Superior Gobierno se mandó y mando que se executa de justicia; que ningunas personas maltrataen a todos los casiques y principales y los hijos del Pueblo los miren como sus propios personas... se hizo esta merced de los casiques del Pueblo de Santa Maria de Huatulco como están en la orillas y Playa del Mar puerto de Huatulco tengan sus armas de fuego prevenidos por si acaso aparesca los enemigos, también prevenidos sus Vanderas y caxa y clarin para que sean llamados todos los Pueblos,... asi se mando en esta Sala Real de su Magestad y de Acuerdo años de mil quinientos y treinta y nueve, es dada."

El primer Corregimiento se estableció en Huatulco en 1542, cuyo propósito central era limitar el poder de los encomenderos e incrementar la presencia de las autoridades de la corona. El Corregidor era representante del rey en las provincias, tenía intervención en asuntos judiciales y debía proporcionar ayuda militar a los españoles cuando fuera necesario.   Posteriormente, también fueron conocidos como Alcaldes Mayores o Justicias Mayores.

Lamentablemente, pronto se evidenció que los recién nombrados corregidores llegaban dispuestos a hacer fortuna a cualquier precio, en el más corto plazo, no encontrando mejor camino para lograrlo que explotar sin piedad a los indígenas. Al ser funcionario real, el corregidor recibía un sueldo vinculado a la capacidad impositiva de la provincia que se le asignaba, no estándole permitido practicar actividades comerciales ni poseer ningún otro tipo de actividad privada. Rápidamente se develó que los sueldos eran muy bajos para disponer de personal eficiente en ese cargo y el gobierno virreinal se vio obligado a permitirles el *repartimiento de efectos*, que les otorgaba el monopolio exclusivo del comercio con los indígenas.

El proceso se corrompió velozmente. La burguesía comercial proporcionaba fondos anticipados a los corregidores para comprar su cargo y luego adelantos de mercaderías que éstos repartían a precios elevados, imponiendo a los indígenas de su jurisdicción una cantidad determinada de mercancías, que estaban obligados a pagar forzosamente. La institución pronto derivó en atropellos muchas veces intolerables, al no tener freno la codicia de los corregidores, puesto que distribuían la mercancía, disponían de la fuerza pública necesaria para cobrar las deudas, y eran los jueces que trataban las quejas de los indígenas.

En 1542 el prominente aristócrata Don Luis de Castilla y Osorio, alta autoridad virreinal, dueño de las ubérrimas minas de plata de Taxco y encomendero de Tututepec, Jamiltepec, Nopala y Pinotepa, adonde trajo esclavos de africa y consiguió que no se admitieran españoles ni mestizos de mal vivir, impulsó la construcción del camino real de Oaxaca a Huatulco. Para trazarlo, este influyente personaje, quien fue acusado (y absuelto) de apoyar el intento separatista de Martín Cortés, realizó una visita a la región y se guió por un antiguo sendero de origen prehispánico que partía de Oaxaca hacia Miahuatlán, continuaba por Río Hondo hacia Tonameca y finalmente Huatulco, camino que aunque fuera más largo, era mucho más transitable para los viajeros que la zona entre Taxco y Acapulco en aquel tiempo.

Ese mismo año de 1542 Joan de Toledo, justicia de la provincia de Tehuantepec y Juan Spanalo, regidor de Coatzacoalcos, reciben las instrucciones del virrey para abrir el camino desde Coatzacoalcos hasta Tehuantepec, ruta muy frecuentada por los cargamentos que se transportaban a través del río Coatzacoalcos y era menester mejorar el tramo terrestre, medida muy atinada porque cada día cobraba mas importancia política y social Huatulco, como eje articulador de toda la provincia.

En Huatulco ya se podían construir barcos con mano de obra de la región bajo la dirección de oficiales especializados y se construyó un galeón, que con el apoyo del virrey Antonio de Mendoza, estaba terminado y navegando en los mares de Ecuador en el temprano año de 1544. A la llegada de funcionarios, comerciantes, marineros, artesanos y hacendados españoles, asi como de vecinos hablantes de zapoteco, mixteco, huave, nahua, chontal y otros, se sumaron personas de otras latitudes del mundo, entre ellos, los esclavos provenientes de África, traídos especialmente para los trabajos pesados en las haciendas o como vaqueros en las estancias ganaderas, quienes en muchos casos, lograron huir de sus amos españoles y se instalaron en la región de manera clandestina. Algunos de estos esclavos llegaron provenientes de Perú o eran embarcados en esa dirección. Otros comerciantes o aventureros llegaron originarios de Asia y Filipinas, con los primeros contactos de Oriente. Todo ello contribuyó, una vez mas, a profundizar el carácter cosmopolita de Huatulco.

El galeón *Saint Andrés* usó el puerto en 1550, año en el cual se prohibieron los viajes de Huatulco a Perú, por el temor al contagio de las epidemias y para tratar de contener el contrabando. Sólo el virrey don Antonio de Mendoza tuvo permiso para viajar, como se dijo en líneas anteriores, por lo que, a su nombre, Don Luis de Velasco solicitó al puerto de Huatulco, indios tamemes para cargar su voluminoso equipaje.

En 1551 se reabrió la navegación mediante real cédula que autorizó el libre tráfico naval entre los puertos del océano pacífico y nuevos barcos cubrieron la ruta Huatulco-El Callao en Perú: el *Sancti Spíritus* y el *Nuestra Señora de la Concepción*, este último dedicado al comercio de cacao. Otro más es el galeón *San Jerónimo*. También se expiden licencias para la navegación del *Magdalena* y *Nuestra Señora de Loreto*. En 1552 se legisla la entrada y salida de mercancías con la presencia de un notario autorizado.

Diego de Guinea pide permiso para pastar su ganado en un rancho ganadero llamado *Apango*. Por su parte, el capitán Francisco de Valenzuela y el navío *San Jerónimo*, piden permiso para desembarcar y pescar en el puerto de Huatulco, antes de partir a Perú.

Huatulco entra en febril actividad y en 1553 comienza la reparación de dos grandes galeones, el *Santa Cruz* y el *San Pedro* mientras que el *San Lázaro* es recalafateado y usado para el transporte de abastecimientos entre Tehuantepec y Huatulco, estrechamente unidos y apoyándose entre sí.

En el año de 1560 se registra un sensible despoblamiento de la zona, motivada por su aislamiento terrestre, por las enfermedades y por los trabajos forzados a que son obligados los habitantes de la comarca. Al año siguiente 1561, Don Luis de Velasco escribe al alcalde mayor de la ciudad de Oaxaca, Cristóbal de Espíndola, sobre la urgencia de reparar los caminos que llevan al puerto de Huatulco y en 1563 le ordena que no sean forzados indios de los pueblos de la comarca, a trabajar en el puerto de Huatulco.

En la temporada de 1560 a 1561 se otorgan licencias al *San Lorenzo* de Juan López de Azpitia, al barco *Concepción* y al *San Juan de los Frailes*. En la década de 1560 entraban por Huatulco un total de 50,000 cargas de cacao provenientes de puertos de Centroamérica.

En el año de 1570 continua el comercio y el contrabando juntos en el puerto de Huatulco. El tráfico de comerciantes y pasajeros era intenso y en muchas ocasiones debían esperar la salida de los navíos, siempre sujetos a los vaivenes del tiempo, cuestiones climáticas, corrientes marítimas y a los vientos. La demanda provocó el establecimientos de servicio de hospedaje, venta de comida y tambien suministro de alimentos para abastecer a los navíos, como pan de trigo, tortillas y totopos de maíz, vino, puerco, pescado salado, igual que la cecina seca de gando vacuno, así como huevos, gallinas, guajolotes, frijol, arroz, queso, aceite, vinagre, ajos y chiles. A precios altos, la posada ofrecia el servicio de alojamiento en cama, con ropa limpia, *con o sin cabalgadura.*

Desde aquel tiempo hasta la fecha, México y Perú han sido los mas grandes productores de plata en el mundo. El método de amalgamación o *de patio* constituyó, a partir de 1560, una verdadera revolución en la minería de la plata hispanoamericana. La base de este procedimiento fue la utilización del mercurio o azogue como aglutinador, que era mezclado con la plata molida y depositado por dos meses en grandes patios. Esta mezcla luego era lavada y fundida, obteniéndose plata más pura y recuperándose parte del mercurio, que volvía a ser utilizado, por lo cual mercaderes de Perú envían en 1564 una cantidad respetable de azogue a la Nueva España, proveniente de la mina de Huancavelica, cuya producción total acapararon las autoridades de Nueva España desde 1574. Posteriormente los mercaderes peruanos intercambian el azogue por el vino al comerciar con la Nueva España.

En 1565 se establece por fin la legendaria ruta de la Nao de China y por todas las ventajas que su cercanía con la capital de la Nueva España le otorgó, Acapulco empezó a desplazar a Huatulco como el puerto mas importante del pacífico, cuyo declive formal ocurrió en el año de 1573.

En 1578, a solicitud de Felipe II, rey de España, las autoridades de los pueblos mas importantes de la Nueva España, tuvieron la obligación de contestar un amplio cuestionario sobre su historia, costumbres y recursos naturales, que sirvieron para recoger muy valiosa información sobre las antigüedades mexicanas. El entonces Alcalde Mayor de Santa Cruz y Corregidor de los pueblos de Tonameca, Pochutla, Santa María Astata y Huamelula, Don Gaspar de Barbas, hace una descripción de Santa Cruz, cuya interesantísima relación se conoce como *de Guatulco y su Partido,* porque incluye información de la región, a la cual ya hemos aludido. Finaliza describiendo puntualmente las ventajas del puerto que recomienda como seguro, dadas las características de los cerros que lo rodean y su configuración así como diciendo: *Las tormentas que suelen correr en esta costa son, en tiempos de agua, algunos surestes que recalan en el puerto que pasan prestos, pero jamás peligran los navíos que tengan buenas anclas y amarras.*

Rio Hondo y Cozautepec se agregan a Huatulco en 1579, año en el que ocurre la entrada del más famoso de los corsarios, el inglés Francis Drake quien arriba a Huatulco y lo saquea, atraído por la fama de las fabulosas riquezas de la Nao de China.

La diferencia teórica entre un pirata y un corsario radica en la legalidad de sus actos. Ambos grupos se dedicaban a saquear ciudades, puertos y barcos, pero los piratas lo hacían violando las leyes para beneficio propio, en tiempos de paz o guerra, contra cualquier enemigo, mientras que los corsarios teoricamente lo debían hacer sólo en tiempos de guerra y bajo el permiso o *patente de corso* de un gobierno, sin embargo, a lo largo de la historia, muchas veces el límite se volvió difuso por su propia naturaleza: ambos robaban.

Francis Drake, el mayor de 12 hermanos, corsario, explorador, infame comerciante de esclavos, aventurero y después político, hasta llegar a ser vicealmirante inglés, dirigió numerosas expediciones de la Marina Real inglesa en la propia España y en las Indias. Segundo en circunnavegar el mundo en una sola expedición, tras Juan Sebastian Elcano; participó en el ataque a Cádiz de 1587, la derrota de la Armada Invencible y el fallido ataque a La Coruña de 1589, en la época en que Inglaterra y España estaban enfrentadas militarmente. Considerado pirata por España, Inglaterra lo valoró como corsario, lo honró como héroe y fue nombrado caballero por la reina Isabel I, quien ante España, no reconocía oficialmente los actos de Drake, pero se beneficiaba de ellos. A su gloria, le sucedió una serie de vergonzosas derrotas que motivaron su destitucion, y años mas tarde, en otras fracasadas expediciones a América, murió de disenteria en alta mar.

Para llegar a la Nueva España por el océano pacífico, considerado en la época por su uso exclusivo como *el lago* de España, tuvo Drake la osadía de dar la vuelta por el fin del mundo, *la Patagonia*, cruzar el estrecho de Magallanes y subir con la esperanza de asaltar el *Callao* en Perú, las costas centroamericanas y finalmente Huatulco, como finalmente ocurrió el 6 de abril de 1579. Este precedente que sembró el legendario pirata, lo seguirían después otros corsarios, que repetirán sus incursiones a lo largo de la costa del Pacífico.

La región va en declive y en 1580 Zimatán quedó despoblado. Solo Huatulco y Copalita permanecen, con poca actividad. En el año de 1587 ocurre otro acontecimiento que dejará una profunda huella en la historia de Huatulco, el pirata Thomas Cavendish, también inglés, azotó el Puerto, lo saqueó y trató de destruir una misterioso objeto que existía en Huatulco, cuyo fracaso, tuvo inimaginables y místicas resonancias

Cavendish nació en 1560 en el condado de Suffolk, Inglaterra. Sobrino de Sir John Cavendish, de quien los duques de Devonshire y los duques de Newcastle derivaban su nombre familiar de Cavendish. A la edad de 15 años asistió al Corpus Christi College, Universidad de Cambridge. Fue miembro del Parlamento por Shaftesbury, Dorset, en 1584 y por Wilton, en 1586. A los 12 años de edad, Cavendish heredó una fortuna de su difunto padre, pero después de dejar la escuela a los 17 años, la malgastó en los siguientes 8 años que vivió intensamente, en medio de grandes lujos.

Decidido a hacer una nueva fortuna en el mar, en julio de 1586 Cavendish tomó la extraordinaria decisión de repetir la circunnavegación del globo de Drake, para lo cual construyó un barco con un hermoso nombre: Deseo, *Desire*. Su pequeña flota partió de Harwich el 27 de junio de 1586, atravezaron el estrecho de Magallanes, llegaron al oceano pacífico el 24 de febrero de 1587 y navegaron por la costa de América del sur; en el camino quemaron tres ciudades españolas y trece naves. A principios de noviembre de 1587 Cavendish capturó la Nao de China, el galeón español de 600 toneladas llamado *Santa Ana*, aguas afuera de la bahía de cabo San Lucas, en el sur de la península de Baja California.

En Europa, el comercio de productos provenientes de las *Islas de las Especias* estaba monopolizado por los mercaderes musulmanes, en sociedad con los venecianos, despues desplazados por los portugeses. Esta situación había elevado exageradamente los precios, ya que las especias eran muy codiciadas no sólo para aderezar las carnes, sino también para la elaboración de medicinas y pociones mágicas. Cavendish saqueó la valiosa carga del galeón *Santa Ana*, con un fabuloso botín de 122 000 doblones de plata, en ese momento el tesoro español más cuantioso en caer en manos inglesas, después de lo cual asaltó el puerto de Huatulco, cuyos detalles se abordarán adelante. De regreso navegando por el oeste, llegó a la costa de África y finalmente el 9 de septiembre de 1588 llegó a Inglaterra, completando la circunnavegación del globo nueve meses más rápido que Drake, pero, como Drake, volviendo con sólo uno de sus barcos, el *Desire*.

Su viaje fue un gran éxito económico. Cavendish tenía sólo 28 años. Muchas historias cuentan que más tarde fue nombrado caballero por la reina Isabel I de Inglaterra, por sus acciones contra los españoles, aunque el historiador David Judkins dice: *Aunque Isabel le recibió, no le hizo caballero.* Los corsarios ingleses tenian como mision hacer el mayor daño posible a España, por lo que aunque Cavendish ya tenia en sus manos el enorme botín del galeón *Santa Ana*, cuando llegó a Huatulco, además de asaltarlo, ordenó quemar y arrasar el puerto, pero se llevó una gran sorpresa, se encontró con una cruz indestructible.

La leyenda de la Cruz

"La invención de la Santa Cruz de Huatulco", Urbano
Olivera, 1890. Óleo sobre tela. Templo de San Juan de Dios,

En 1587, siendo Alcalde de la población Don Juan Renjito, se produjo el arribo del pirata inglés Thomas Cavendish, protagonista del episodio de la legendaria Cruz de Huatulco, que según una tradición de los pobladores, fue plantada hace dos mil años por un hombre de túnica y barbas largas, quien hablaba la lengua mixteca y que convivió con sus antepasados por varios días, pasando la mayor parte del tiempo en oración.

Con la mentalidad de aquella época, la iglesia católica interpretó en este relato la presencia del apóstol Santo Tomás, tradición ampliamente repetida en otros lugares de América, Perú y la sierra mixe de Oaxaca.

Del origen de la cruz, existen otras versiones. Una de ellas se desprende de la tercera carta de relación de Cortes, en la cual informa al rey Carlos I que envió a dos españoles:

> "...y ordene que no parasen hasta llegar a la mar del sur... anduvieron por muchas y buenas provincias sin recibir ningún estorbo y llegaron a la mar y tomaron la posesión y **en señal pusieron cruces en la costa de ella.**"

Torquemada por su parte, está convencido que la cruz fue plantada por el ilustre franciscano Fray Martin Valencia uno de los primeros misioneros en arribar al nuevo mundo, *"Cuando llegó a Huatulco,...queriendo hacer jornada por mar a la China"*[22].

Otra versión coincide con Torquemada, en el sentido que la famosa cruz haya sido puesta por Fray Martín de Valencia, quien acompañó a Cortés cuando llegó a *Guatulco* buscando un lugar adecuado para instalar sus astilleros. En esa ocasión el santo fraile Martín de Valencia estuvo ahí porque deseaba embarcarse en la primera expedición desde la Nueva España a las tierras del Asia y precisa esta

---

[22] *Fray Juan de Torquemada. Monarquía Indiana. Ed. Porrúa, México, 1969, Tomo III p. 205.*

tradición que Cortés era devoto de la Santa Cruz. Aunque la mayoría de las fuentes no citan alguna visita de Cortés a Huatulco, es probable que durante su visita al Istmo lo hiciera, por la complementareidad existente entre Tehuantepec y Huatulco para la navegación.

Thomas Cavendish, al tomar por asalto a Huatulco, además de saquearlo, ordenó incendiar y arrasar el puerto y al final, lo único que quedó en pie fue una gran cruz de madera, clavada en la playa desde tiempos inmemoriales; Cavendish ordenó arrasarla con hachas, las cuales se hicieron pedazos; intentó aserrarla, sin conseguirlo; la ató con fuertes cables a la quilla de su embarcación para derribarla, sin resultados; la mando incendiar, untándole brea y alquitrán, sin que le hiciera daño alguno y así, surgió la leyenda de la Cruz de Huatulco.

Torquemada describe bellamente este *portentoso suceso para lo cual derribaron, y untándola con la brea, para que mejor y más fácilmente ardiera, la cubrieron con chamiza y dieronla fuego*, la cruz ardió por tres días hasta que la población, que había huido, volvió, *y apartando la braza, y ceniza de que esta estaba cubierta, la hallaron entera y sana y sin lesión alguna, muy hermosa y resplandeciente.*

El historiador oaxaqueño por excelencia, el dominico Fray Francisco de Burgoa, quien nació once años más tarde de este asombroso y misterioso suceso, dejó para la posteridad el mas emotivo relato *de las circunstancias milagrosas con que se descubrió el lábaro y sacrosanto guion de la cruz antigua del puerto de Guatulco.*

Primero da cuenta de la enorme dificultad del viaje del pirata y otros datos sumamente importantes como la captura del galeón *Santa Ana* que regresaba de Manila con fabulosas riquezas, según relata:

"Lo que el año de 1587 pasó en las costas de este mar del sur a donde entró por el estrecho de Magallanes que está allá del polo Antártico, dando vuelta sobre toda la tierra de los reinos del Perú… y llegado a los de esta de la Nueva España, que después del gran golfo de la Gorgona, entra a Nicaragua, Honduras, Sonsonate, Guatemala, Juchitepeques, Soconusco, Tehuantepeque y Guatulco, a donde el corsario Tomás Cambrich, habiendo seguido este rumbo y presado la grande nao llamada Santa Ana, que venía de las islas Filipinas cargada de inmensa riqueza de oro, sedas, olores y variedad de curiosidades de marfil y otras materias de grandísimo precio".

Después escribe con fina ironía la sorpresa que se llevó el alcalde mayor, Don Juan Renjito, quien al ver el galeón, no alcanzó a imaginar que fuera un pirata inglés, por lo cual se frotaba las manos con lo que habría de cobrar por las aduanas y los servicios del puerto.

"Era alcalde mayor Juan Renjito, vecino de esta ciudad y aunque no había sido corto en procurar su comodidad, estaba tan prevenido de esta como descuidado de la defensa, avisándole que había aparecido una grande nao barloventeado en la costa y alegre de la buena dicha que se prometía, con los registros de hacienda, y ensayándose en seco de las pesquisas e inteligencias de que se había de aprovechar, tuvo mucho que sentir en mojado, con las lagrimas que le sacó el corsario, ya que habían llegado antes algunas naos que venían del Perú a este puerto con gran suma de haciendas, en busca de las naos de China, que con la vecindad del otro puerto de Acapulco, debía de ser de interés de todos la hacienda que derrotaba de este reino.

Y nunca se pudo pensar hubiese enemigo que con tan larga y peligrosa navegación, midiese el tiempo para apresar la nao de China en medio del golfo, antes de llegar a tierra y que se ocupase en saquear en la cortedad de Guatulco, y con este descuido estaba su alcalde mayor muy placentero en su casa esperando se le entraran por las puertas la presa, y sacar el vientre del mal año, saliendo de miseria con sus huéspedes y ocupado con estas esperanzas tan seguras a su deseo".

El padre Burgoa en los párrafos anteriores ofrece el interesante dato de la presencia en el puerto de navíos del Perú, cargados de mercancías y haciendas, que otras fuentes confirman que fueron saqueadas por el pirata. A continuación describe el despiadado asalto en tierra firme:

"El estruendo y el humo de la pólvora de los esmeriles y mosquetes del enemigo que marchaba por la playa, lo turbaron, de suerte que sin poder dar un paso en su defensa, recibió los asombros de muerte que le acometían y para evadirla, se dio por prisionero con guardas, entrando el corsario talando y robando todo cuanto puedo hallar y descubrir en casas y ranchos sin perdonar iglesia, sus sacrílegos atrevimientos".

A continuación, para dar sabor al relato, construye el preámbulo del prodigio por venir, dentro del cual resalta la alusión de que el misterioso personaje que plantó la cruz, conversó en *mixteco* con los naturales:

Y para afrentoso aviso de su castigo, reservó Nuestro Señor el estandarte triunfal de su sagrada pasión y muerte, en una muy hermosa Cruz de más de mil quinientos años de antigüedad, que sin conocer sus altísimos misterios, adoraban estos gentiles como una cosa divina... observando las noticias y memorias de sus mayores, por el cómputo de sus siglos y edades, que correspondía al tiempo de los apóstoles, que vinieron venir por la mar como si viniese del Perú, un hombre anciano blanco con el traje que pintan a los apóstoles de túnica larga, ceñido y con manto, el cabello y la barba larga, abrazado con aquella cruz y espantados del prodigio muchos a la playa a verle y el los saludó, y benévolo y manso en su misma lengua natural, que es mixteca.... y por otras muchas razones se puede entender que el apóstol Santo Tomas o alguno de sus discípulos fue el que llegó a este reino y trajo esta santísima cruz...donde la halló el pérfido hereje Tomas Cambrich, que mal contento y nada satisfecho con el tesoro de la Nao, que había robado, ni gustoso con el saco que había dado en el puerto...

Describe la ira del pirata y todos los esfuerzos y métodos que empleó, contra lo único que quedó en pie:

Viendo el santo madero aquí tan exento y venerado, quiso su ojeriza emplear todas sus furias en deslucirlo y quebrantarlo en menudas astillas, que dadas al fuego, en cenizas borrase sus memorias y como dice Isaías, mandó a sus soldados traer hachas aceradas y a golpes ponerla en tierra y hoyarla... los aceros saltaban desmenuzados, las fuerzas barbarás desmayaban y el sacrosanto leño divinizado tan insensible a esta saña, que ni un leve rasguño recibía, remudaban el herraje los ministros de sus sacrílego intento, pide sierras dobles que aplicaron picados a lo más débil, estaban los dientes como si fueran postizos y trémulos en rabiosa fatiga los brazos se rinden sin que el madero santo se permita a su bocados!.

Hizo traer cabos muy gruesos y amarrando unas a las popas del navío y otras dando a los marineros, quiso a un tiempo soltasen las velas y virasen para el mar, y tirando todos, fue la cruz la rémora divina del mar y tierra, sin moverla un punto, como si fuera un monte, los cabos se rompían reconociéndose débiles a su firmeza y el corazón obstinado del hereje reventando en iras mas se endurecía … y hizo juntar gran cantidad de leña y con grandes trozos de tea prender un incendio que entre bramidos feroces de su voracidad blandía llamas a todas partes, sin acometer una chispa al madero santo…

Cuando el corazón y pecho de Cambrich en humos de enojo y saña se ahogaba porfiado y viendo que cobarde el fuego no lo acometía con sus ardores, pidió a sus ministros unos barriles de alquitrán y dando con ellos un baño de arriba debajo a la cruz, con nuevos combustibles atizada la llama sirvió sus ardores…sin empañarle de tizne la ultima orla de sus brazos…

Cansado y vencido se embarco dejando en sonoras trompas las maravillas de esa insignia sacrosanta publica en devotos clamores su virtud, para que se hiciera notoria a todo el orbe.

Conforme pasó el tiempo, la fama de la Cruz creció de tal manera que vinieron de diversos lugares del mundo a venerarla. Entre otras, se registra una numerosísima peregrinación del Perú, con 2,000 fieles, que ante la fe adquirida hacia la Cruz, cortaron tantos pedazos de astillas que la fueron adelgazando, causando admiración ver como se podía sostenerse en pie sobre su disminuido cuerpo y resistir el furor de los vientos que corren por la playa. Se convirtió en un objeto de culto, se le atribuyeron numerosos milagros y las personas venían a adorarla con profunda fe, por lo que pronto su fama traspasó las fronteras. Así lo relata el Padre Burgoa:

"Era obispo de esta iglesia nuestro maestro fray Bartolomé de Ledesma, quien propuso en una junta a sus prelados que se trajera a la ciudad de Oaxaca la cruz, para venerarle con mas decencia, pero la opinión de todos fue que se quedara en su lugar de origen, la fama de la cruz fue tan grande que mucha gente procedente del Perú, comenzó a quitarle astillas, fue así que la cruz se fue acabando, 25 años se pasaron con aclamación universal de estos reinos, en la devoción de esta reliquia, porque en todas partes se experimentaban ya como ordinarios sus milagros ... yo tengo una cruz hecha de una astilla".

El traslado de la cruz a Oaxaca

"Tiempo después se volvió a reunir el grupo de eclesiásticos para determinar que se trajera a la ciudad de Antequera y se dice... esta resolución se difundió por toda la tierra y fueron tantas las personas que acudieron a prevenirse de reliquias, que llegaron a poner el cuerpo de la santa cruz en tanta disminución dos varas del pie arriba, que quedó del grueso de una caña, el cura beneficiado temiendo no la derribaran, determinó a removerla con arcos, música y olores, revestido y con gran devoción ayudado de las personas de más respeto, la tocaron besándola y luego sintieron que se movía, se quedaron sosísimos y con grande facilidad la elevaron viendo que no tenía una tercia dentro de la arena, que como playa no se haya tierra y celebrando este milagro, fue puesta la santa cruz en lugar decente de la iglesia...

Antes de llegar a la ciudad esta santa reliquia por el mes de abril el año siguiente de 1612 previno del devoto prelado a los cabildos de la ciudad y religiones, y a toda la comarca de los pueblos de los indios para que todos saliesen a recibirla, y con afectos tan tiernos la veneraron..."

El Obispo Cervantes también hizo cortar un gran pedazo de la cabeza de la cruz, para formar con ella una cruz pequeña y mandarla al Papa Pablo V, quien la recibió hincado y rezando, en señal de adoración.

"Y el piadoso prelado quisiera que grandes y pequeños quedasen gustosos y satisfechos de su devoción reservando como una cuarta de la cabeza para el que lo era universal de toda la iglesia la santidad de Paulo V de que se hizo una curiosa cruz muy bien guarnecida de plata sobredorada y con una carta de este tenor se ha remitido dejando su traslado por si se perdiera en tan largo camino. Fue enviada el día 4 de mayo de 1613 por Juan de Cervantes, Obispo de Antequera, el padre que llevó la santa reliquia al papa fue fray Andrés de Acevedo y este mismo año el fraile entregó en manos del mismo papa la reliquia y sacando la cruz, hincado de rodillas y teniéndola en las manos la besó y adoró".

En 1612, el Obispo Don Juan de Cervantes trasladó con gran pompa y fervientes homenajes, la famosa cruz negra de Huatulco a la ciudad de Oaxaca, ubicándola en la Catedral, junto al Sagrario, en un sitio privilegiado. Esto sucedió después de hacerle un minucioso estudio de 2,000 fojas, donde se menciona lo ocurrido cuando el pirata trató de destruirla y de otros muchos milagros que se le asignaron, testificados por varias personas. Al final, otras cuatro cruces pequeñas hechas de la milenaria cruz quedaron en: la capilla del convento de Nuestra Señora del Carmen en Puebla de los Ángeles; en el convento de Nuestra Señora de Belén en la ciudad de México; otra cruz del mismo madero se conserva en la iglesia de Santa María Huatulco, en un nicho de plata y una más se guarda en la capilla de la santa cruz en la Catedral de Oaxaca, ubicada junto a la puerta que da al zócalo.

Incontables astillas circulaban en el mercado de reliquias con la aureola de muy efectivas para los milagros y para ayudar a *volver el habla en achaques violentos* y en la difícil labor de partos con las *criaturas muertas*; el mismo Burgoa admitió poseer *una cruz de una astilla* que dio a dos personas *lloradas sin esperanza de vida, y cobrándola por esta santa reliquia*[23].

---

[23] *Francisco de Burgoa, Geográfica descripción de la Parte septentrional del Polo Ártico de la América; Juan Ruiz, México 1674 (edición facsimilar), tomo II.*

El primer abandono

Después del virulento ataque de Cavendish en 1587, Huatulco se desliza con suavidad a su soledad. Un levantamiento de los pueblos chontales es combatido por el ejército español y una vez sofocado, Astata pasa a ser encomienda de Gonzalo de Ávila.

El nuevo virrey don Luis de Velasco, hijo del virrey del mismo nombre, autorizó a Diego de Cepeda dos sitios para ganado mayor en el pueblo de Copalita, que los naturales llamaban Xuchiquetzaliapa, *xóchitl*-flor, *quetzal*-ave. Esto sucede en 1591, año que también registra la presencia de negros cimarrones, es decir, esclavos fugados de las haciendas y plantaciones de la costa, que se fueron a refugiar en el cerro Coyula, quienes se dedicaban a cultivar algodón, maíz y otras semillas.

Ante las dificultades administrativas de gobierno y recolección de impuestos en asentamientos dispersos y con escasa población, en 1598 las autoridades virreinales ordenaron la congregación de los naturales en los pueblos de Tehuantepec y Huatulco. Al año siguiente se eliminó al Corregidor de *Suchitepec*, actualmente llamado *Xadani*, que pasó a depender de Huatulco, igual que Huamelula, que dejó de existir como jurisdicción, motivado por una población en continua disminución, quedando sólo algunos naturales y pocos españoles. La ganadería no prosperó en la región como se esperaba y ello contribuyó a la decadencia Huatulco.

En 1614 llegaron a la Nueva España noticias de que se aproximaba el peligro neerlandés. En agosto de ese año la temible *Compañía Neerlandesa de las Indias Orientales* había enviado cuatro grandes barcos corsarios, con patente para asaltar, en una misión *comercial* alrededor del mundo.

La *Real Compañía Neerlandesa de las Indias Orientales,* fue establecida en 1602 por el gobierno como un monopolio otorgado a una gran empresa privada, para comerciar todo, especialmente con el lejano oriente, incluyendo el tráfico de seres humanos, que los holandeses arremetieron con ahínco y ferocidad. Los hombres de negocios anunciaban que estaban preparando barcos para ir por esclavos y ofrecian acciones para quienes quisieran aportar dinero, poco o mucho, hasta reunir lo necesario. Muchos ciudadanos comunes y corrientes se animában y arriesgaban su guardadito. Aunque era menos una empresa comercial que un sindicato de piratas, que contaba incluso con su propio ejército, fue la primera entidad en el mundo que colocó acciones en la Bolsa de Valores y en algun momento, llegó a ser la empresa mas importante del globo, con un rendimiento del 18% anual, sostenido durante 20 años, a costa de un inenarrable sufrimiento humano.

La misión holandesa enviada al océano pacífico estaba reforzada por un fuerte armamento, a cuyo mando estaba el prestigioso almirante Joris Van Spilbergen. El distinguido ladrón era un hábil y refinado diplomático a quien le gustaba que su barco insignia estuviera elegantemente amueblado y aprovisionado con los mejores vinos. Cuando comía, lo hacía con la orquesta de a bordo y un coro de marinos como fondo musical. Sus hombres usaban magníficos uniformes. Tenía Spilbergen una comisión especial de los Estados Generales de los Países Bajos y del príncipe Mauricio de Orange, con las órdenes secretas de capturar un galeón de Manila.

El almirante Van Spilbergen, en 1615, despachó dos de sus embarcaciones a examinar Huatulco para conseguir provisiones, pero ante lo escaso, continuó rumbo a Acapulco, donde entró ampulosamente en la bahía y amenazó destruir el pueblo si era preciso, pues necesitaba agua y alimentos. Se declaró una tregua con la defensa local y subieron a bordo Pedro Álvarez y Francisco Méndez, quienes habían servido en Flandes, por lo que conocían el idioma neerlandés. Spilbergen ofreció entregar a los prisioneros que traía desde Chile y el Perú a cambio de agua y alimentos. Se hizo el intercambio y a la semana se dio un espectáculo visto en otras guerras: los contendientes conversaban animosamente, intercambiando regalos e incluso le hicieron una visita guiada por las fortificaciones al corsario holandés, que continuó su viaje, logrando completar la vuelta al mundo.

La diplomacia española con Spilbergen tuvo una razón oculta, ya que el galeón de Manila estaba por llegar, así que después de sondear los planes del corsario, el Virrey envió a proteger los puertos de Navidad y las costas de Sinaloa con instrucciones precisas de evitar desembarcos indeseables.

Nuevamente llegaron noticias de otros posibles enemigos holandeses que se dirigían a territorio del virreinato, por lo que como medida preventiva, el 25 de mayo de 1616 el virrey ordenó que fuera abandonado y destruido el puerto de Santa Cruz Huatulco y la alcaldía mayor cambió su residencia del puerto al pueblo de Santa María Huatulco, desde tiempo atrás situado en el llamado *Pueblo viejo*, adelante del lugar conocido actualmente como *Piedra de Moros*, lugar prominente donde el vigía local al ver a los piratas, podía dar la alarma gritando ¡*Hay vienen los Moros*!.

El puerto quedó prácticamente abandonado y se convirtió en refugio del comercio clandestino, por lo que la Corona prohibió en 1640, el desplazamiento de un galeón procedente de Manila al puerto de Huatulco, a fin de contrarrestar el contrabando de mercancías asiáticas que se introducían a la Nueva España, sin pasar por la aduana de Acapulco.

En 1661 el alcalde mayor informó que los habitantes del siglo anterior habían desaparecido en su totalidad del puerto de Huatulco, por lo cual el funcionario determinó necesario que dicho puerto fuera repoblado para mantener en vigía la mar, y así lo hizo: refundó un pueblo pequeño, de 20 a 25 habitantes, que fueron traídos de Miahuatlán y otras partes, con la clara intención de hacerlo crecer con el tiempo, por lo que se les dotó de tierra y de ornamentos y campana para su iglesia.

En el año de 1667 se concede un titulo de tierras a los naturales del pueblo de Santa María Quistepeque de la jurisdicción de Huatulco. El filibustero inglés Thomas Peche desembarca en Huatulco en 1675, pero al no encontrar que saquear, siguió a la búsqueda del galeón de Manila, navegando rumbo a Acapulco.

En 1680 se abandonó la vieja parroquia del pueblo de Huatulco por nuevas incursiones de corsarios y piratas, siempre insaciables, ya sea de oro, joyas y riquezas o de agua dulce y alimentos para subsistir, o simplemente, para cumplir las órdenes de *causar el mayor daño posible a España*. El Curato se trasladó a San Miguel del Puerto, pueblo hermano de Huatulco y después a San Mateo Piñas.

Hack Williams, *un derrotero ingles*, es decir un explorador, recopilador de información, mapas y dibujante de puertos y lugares de interés de las costas, en 1684 pasa por Huatulco y a su regreso, escribe un atlas sobre la costa del *mar del sur* de América, de amplia difusión en Inglaterra, país que cada día crecía como potencia marítima. En otro registro, el Atlas Bucanero, se describe desde Nicaragua hacia el norte. Los filibusteros ingleses Carlos Swan y el capitán Townley desembarcan en 1685 en el puerto de Huatulco. Townley exploró los alrededores y llegó a un pueblo, probablemente Santa María Huatulco. Continuó su camino por tierra hacia Puerto Ángel, donde se embarcó para seguir su viaje hacia Acapulco.

Otra incursión de piratas, esta vez mas salvaje y brutal, ocurrió en el año de 1697, quienes al no encontrar botín en el puerto incursionaron tierra adentro, llegando hasta el pueblo viejo de Santa María Huatulco, distante tres leguas de la orilla del mar, donde asaltaron y arrasaron todo a su paso. El temor a los continuos asaltos planteó a los habitantes la necesidad de abandonar en definitiva su asentamiento, decisión difícil, pero la comunidad aceptó y se trasladaron a un nuevo paraje, que ocuparon en el año de 1701, conservando el nombre de Santa María Huatulco, aunque de conformidad con los que aceptaron el cambio al nuevo poblado, otra parte se trasladó a San Miguel del Puerto.

El párroco de Pochutla entre 1909 y 1920, presbítero Maximiliano Amador, cuenta que todavía en aquellos años se conocía a este lugar que abandonaron, tierra adentro, pero cerca del puerto, como *Pueblo Viejo*. Ahí, todos juntos, vivieron por años con cierta tranquilidad, pero a pesar de ya no estar en la costa, los corsarios no dejaban de visitarlos de tiempo en tiempo, por lo que:

"Para evitarlo decidieron de nueva cuenta cambiar de sitio, esta vez siguiendo las indicaciones de los ancianos; así, en el silencio de la noche, todos se trasladaron en peregrinación hacia el poniente, rezando para implorar misericordia de Dios, del cual esperaban alguna señal que les manifestara el lugar donde según su santa voluntad, deseara que se estableciera el pueblo para siempre, sin ser molestados mas por los moros (piratas). Aquella peregrinación duró toda la noche, hasta que encontraron, a la hora en que cantaban los gallos, un caudaloso río, el cual pasaron y acamparon en el lugar que hoy se llama la Herradura, pero en la noche un anciano escuchó que la Virgen de la Inmaculada Concepción le decía: -Hijo, no es este el lugar indicado, ustedes están equivocados, deben regresar y antes de que crucen el río van a encontrar una planicie, ahí deseo que se establezcan y reconstruyan mi templo-. Pusieron así, los cimientos del nuevo pueblo de Santa María Huatulco que se conserva hasta nuestros días".

En 1718, el pueblo de Santa María quedó oficialmente establecido en su ubicación actual, lo cual fue asentado en los segundos títulos primordiales que hasta 1952 se conservaban en poder de las autoridades. Como patrona quedó la Virgen de la Limpia Concepción, actualmente, Inmaculada Concepción, cuyo retrato al óleo, de autor desconocido, puede verse en el altar del templo, siendo la única pintura colonial que se conserva. La iglesia de Santa María fue comenzada a principios del siglo XVIII y no hay ningún elemento que nos hable de una época anterior

El señor de las misericordias venerado también en Santa María Huatulco, data del tiempo en que el pueblo tenía poco de haberse cambiado a su localización definitiva. Según la tradición, ese cristo llegó en forma misteriosa al puerto de Santa Cruz, y fue conducido hasta la iglesia en construcción por el guardacostas Francisco Canto. En 1908, el cura Valentín Cuevas mandó hacerle un nicho con gruesas vidrieras. La distancia del puerto de Santa Cruz al pueblo actual de Santa María Huatulco es de 29 km.

Nuevamente en 1737 se registró una gran mortandad de chontales por una epidemia de viruela. La parroquia de Huamelula registró los gastos de la cofradía de la Virgen del Rosario, que incluyeron un inventario de animales de la hacienda, así como el costo y venta asociados al culto de la Virgen. Se ordenó al alcalde mayor de Huatulco que procediera a congregar a los indios y se llevó a cabo un censo regional que registró naturales, mulatos, españoles, mestizos, filipinos y peruanos.

Alejandro Malaspina, noble italiano al servicio de España, brigadier de la Real Armada, célebre por protagonizar uno de los grandes viajes científicos de la era ilustrada, la llamada Expedición Malaspina, el 24 de enero de 1791, con la corbeta *Descubierta* bajo su mando, pasó frente a Huatulco y Puerto Ángel rumbo a Acapulco. Este viaje alrededor del mundo fue financiado por Carlos III y generó valiosos conocimientos sobre historia natural, cartografía, etnografía, astronomía, hidrografía y medicina, así como sobre aspectos políticos, económicos y sociales de los territorios que cruzó.

Durante el siglo XIX el puerto de Santa Cruz era la estación terminal y Santa María estaba en el camino comercial terrestre que unía esa parte de la costa con Oaxaca. El padre Gay cuenta que después de la memorable toma de la ciudad de Oaxaca por las fuerzas insurgentes, en el año de 1812, Vicente Guerrero, en ese entonces teniente coronel, es comisionado por Morelos para recoger en la costa productos como cacao y tabaco desembarcados en Tehuantepec, Puerto Escondido y Santa Cruz Huatulco.

En plena guerra de independencia, en 1814, Manuel Lambrine informa al intendente Melchor Álvarez del envío de espías para observar los movimientos de los insurrectos de los pueblos del mar. El puerto de Huatulco entra en crisis, una vez más, por el movimiento de Independencia. Entre los principales bienes que se introducen están el cacao, lienzos de algodón y aguardiente. Algunos documentos de esa época señalan a José Jesús Ziga como propietario de la hacienda de Apango. Con meses de retraso, en 1822 se recibe el aviso en San Pedro Huamelula de la Nueva Constitución del México independiente, en cuya forja, fue decisiva la participación y el cause que le dio Vicente Guerrero. Se reciben noticias de la elección de Agustín de Iturbide como emperador de México, de su derrocamiento por los liberales y en 1824, de la elección de Guadalupe Victoria como primer presidente de la república mexicana.

En 1831 se produce la traición del genovés Francisco Picaluga en contra del héroe Vicente Guerrero, el verdadero consumador de la independencia, quien es entregado al ejercito conservador en una de las playas mas bellas de Huatulco, que desde entonces se conoce, por ese triste y lamentable suceso histórico, con el nombre de *La Entrega*.

México independiente

Vicente Guerrero en Huatulco

Se mencionó en capítulos anteriores como la Nao de China conectó Acapulco con Filipinas e inauguró la ruta comercial que más tiempo ha durado en el mundo, 250 años, para la cual se construyeron los barcos mas grandes de su tiempo.

La llegada del Galeón de Manila era una fiesta. Portadora de fabulosas riquezas, cuando se avistaba frente a las costas de Jalisco, se avisaba su llegada y se hacía un Tedeum en la Catedral de México para celebrarlo. De Acapulco se transportaban sus preciados tesoros, en mulas, hasta la capital y una parte hacia Veracruz, donde se embarcaban a Europa. Como extraña coincidencia, algunos de los mas destacados héroes de la independencia, trabajaron como arrieros, como transportistas en esta ruta de riquezas; entre ellos el generalísimo José María Morelos y Pavón, el valiente coronel mixteco Valerio Trujano y el excepcional militar, incansable e inquebrantable, el que más batallas sostuvo y quien llegó hasta el final prácticamente invicto, el señor general Vicente Guerrero.

Su actividad como arrieros, les permitió observar la intrincada geografía y la idiosincrasia de los pueblos. Como poseedores de ricas mercancías y portadores de noticias de lugares distantes, se les abrían las puertas de casas y haciendas, para ser recibidos por los ricos y señores principales de la región. Por la enorme riqueza de este comercio, se entiende el error, asi como la persistencia y terquedad de Morelos en conquistar Acapulco, en lugar de marchar sobre la capital del país, después de su fulgurosa toma de la ciudad de Oaxaca en noviembre de 1812.

Como arriero en su juventud, Vicente Guerrero, -alto, moreno, fuerte, de nariz ligeramente aguileña-, se convirtió en ágil jinete; llegó a conocer a detalle todo el territorio sur y suroeste; a coordinar y movilizar hombres y carga, a sobrevivir al aire libre, en la soledad de los montes y en ocasiones, a cobijarse en el abrigo sagrado de los bosques. Aprendió también a leer, a escribir, a manejar los números y las matemáticas; además, su padre, Juan Pedro Guerrero Soriano y dos de sus hermanos, Juan Pedro y Manuel, se dedicaban a la armería, por lo que Guerrero también aprendió a manejar, dar mantenimiento, reparar y forjar armamento como espadas, fusiles y cañones, de enorme utilidad en los impetuosos días del porvenir.

Era también responsabilidad de los armeros almacenar el armamento del ejército regional. Su tío y uno de sus hermanos pertenecían a la milicia española, bajo las órdenes del Capitán Antonio Galeana de Tecpán y del subteniente Víctor Bravo de Chilpancingo. Esto permitiría a los jóvenes Guerrero desenvolverse entre ejercicios de tiro y combate cuerpo a cuerpo, revistas de armamento y prácticas de maniobras militares. Guerrero no solo era hábil con la espada, el sable, la pistola, el fusil y la bayoneta tanto a pie como a caballo, sino también con la lanza, la reata y el machete, armas que en manos de los insurgentes surianos llegarían a ser temidas por los realistas. Un rasgo singular haría destacar a Guerrero sobre otros caudillos insurgentes: la humildad de su cuna; no era noble ni criollo, ni hacendado ni rico; era parte del pueblo, muy popular en la tropa y después en la nación entera; el pueblo mexicano siempre lo consideró uno de los suyos.

Los investigadores coinciden en que quienes buscaron afanosamente la independencia de México fueron lo criollos ricos, no solo por genuino interés en el progreso del país, sino principalmente, porque estaban marginados de las posiciones de poder que acaparaban los españoles peninsulares. Acaudalados insurgentes fueron los famosos hacendados, Hermenegildo Galeana y sus hermanos, así como Leonardo Bravo, sus hermanos y su hijo Nicolás, que llegaría a ser presidente de la república; Don Antonio de Sesma y Alencastre, nieto del Virrey Fernando de Alencastre Noroña y Silva, descendiente directo de la marquesa de Sierra Nevada; Mariano Matamoros y Manuel Mier y Terán, criollos ilustrados, o abogados prominentes como Ignacio López Rayón y Juan Nepomuceno Rosains, descendientes de encumbradas familias.

Es importante destacar lo anterior, porque en la guerra de independencia pesaban bastante la ideología e intereses de los criollos sobre las necesidades y aspiraciones de los humildes. En diciembre del año de 1811, Valerio Trujano realizó una incursión en el distrito de Acatlán y después de ocupar el pueblo, nombró como autoridad civil a un ciudadano mixteco, común y corriente, sin instrucción formal, pero elegido por voluntad de sus habitantes. Enterado de esta elección, su compañero de armas, el hacendado Miguel Bravo reaccionó indignado, tanto que consideró necesario comunicar el suceso a José María Morelos y Pavón para que se tomaran medidas que corrigieran el acto: *Es un vaquero o sabe Dios qué clase de rústico*, dijo, refiriéndose a la persona que había sido nombrada autoridad.

La actitud de Miguel Bravo no era sólo personal, ni aislada, obedecía al hecho que los españoles de Acatlán estaban inconformes con que los gobernara un mixteco, no obstante que la mayoría de sus habitantes pertenecían a esta etnia. Lo mismo ocurría en el bando realista: En Nochixtlan, en la capital mundial de la grana cochinilla, que aportaba inconmensurable riqueza al virreinato, solo superada por la exportación de la plata, a pregunta expresa de sus superiores, los integrantes de la tropa propusieron de entre ellos a quienes querían que fueran sus oficiales, pero Bernardo Bonavía, el comandante general de los realistas, se opuso arguyendo que no tenían dinero para mantenerse por sí mismos *con decoro y esplendor*. Era su manera de dictaminar que sólo los ricos podían ser oficiales.

Guerrero se identificaba con el pueblo. Nació en Tixtla en agosto de 1782, mezcla de africano e indígena, lo que el racismo español designaba *saltapatrás*. Era bilingüe: su conocimiento del náhuatl le permitió guiar a hombres que sólo hablaban su lengua materna. A pesar de ello, en 1810 se hallaba en mejor situación que la mayoría de las despreciadas castas novohispanas. Acababa de nacer su única hija, la futura madre de Vicente Riva Palacio

Aún su cercano colaborador en la presidencia de la república, su ministro de Hacienda, Lorenzo de Zavala, distinguido yucateco que antes había sido gobernador del Estado de México y posteriormente fue vicepresidente de la república de Texas, conforme a la mentalidad clasista de la época, escribió una condescendiente descripción del héroe, cuya enorme valía no se ha comprendido, incluso hasta la fecha:

"El general Guerrero es un mexicano que nada debe al arte y todo a la naturaleza. Tiene un talento claro, una comprensión rápida, y extraordinaria facilidad para aprender. No habiendo recibido ningún género de educación, y habiendo comenzado su carrera en la revolución, muy pocas lecciones pudo tomar de elocuencia y cultura en los cerros y bosques, entre indígenas y otras castas, a cuya cabeza hacía una guerra obstinada a los españoles. Su genio sólo pudo conducirle hasta el punto a que le hemos visto llegar, y su constancia es a la verdad un testimonio irrefragable de que posee virtudes sociales. Se dispensaba la poca urbanidad de su trato familiar y algunos resabios del hombre de los bosques, en obsequio de sus grandes servicios, y más que todo de su humanidad y de su amor constante por la libertad".

Lorenzo de Zavala, 1831, *Descripción de Vicente Guerrero.*

El 7 de noviembre de 1810, se unió a Morelos en su paso por la villa de Tecpan y a partir de ahí, durante 11 largos años de enormes penurias, obstáculos, emboscadas, traiciones y resonantes victorias, cinceló una carrera militar y política verdaderamente impecable: participó en las mas importantes batallas; destacó por su arrojo y temeridad al extremo del heroísmo; parecía que su lealtad a la patria, a toda prueba, hacía que los dioses protegieran sus pasos; venció en batallas que parecían imposibles; en atrevidos movimientos, sorprendió a tropas más numerosas que las suyas; su audacia para regresar a combatir cuando parecía estar derrotado, desorientó a sus innumerables enemigos; incansable y cuidadoso, cuando no estaba en combate, fortalecía sus posiciones, construía fortalezas, reparaba armas, construía cañones, entrenaba a sus hombres, a quienes con grandes esfuerzos en esos tiempos de permanentes penurias, mantenía uniformados y disciplinados. Por si lo anterior fuera insuficiente, su privilegiada sensibilidad política lo convirtió en el verdadero artífice de la independencia de México.

Vicente Guerrero se distinguió con su primer destello militar, en la batalla de Izúcar, el 23 de febrero de 1812, como segundo al mando del General Mariano Matamoros, derrotando juntos al General Brigadier Ciriaco del Llano.

El 23 de julio de 1812 participó en el memorable y heroico rompimiento del Sitio de Huajuapan, donde su caballería, en combinación con la de Hermenegildo Galeana, derrotaron al ejército del capitán realista Juan Antonio Caldelas, siendo Guerrero el primero en romper el cerco y rescatar a los insurgentes al mando de Valerio Trujano, enfermos, enflaquecidos, casi muertos de hambre, del sitio mas largo de la independencia, cuyo enorme sufrimiento duró 111 días.

Después de la célebre toma de Oaxaca el 25 de noviembre de 1812, - *¡He ganado un país!*, exclamó Morelos al entrar a la tercera ciudad mas rica de la Nueva España-, Guerrero recorrió Puerto Escondido, Huatulco y Salina Cruz en la costa oaxaqueña y trajo a Morelos grandes cargamentos de grana cochinilla, cacao y café.

Ocupado en brindar protección al Congreso de Chilpancingo, José María Morelos y Pavón no podía dirigir la guerra en esta parte de la Nueva España, por lo cual, el 15 de septiembre 1814, otorgó a Vicente Guerrero el grado de coronel y lo instruyó para que levantara otra vez las fuerzas insurgentes en la Costa Chica y en la parte de la provincia de Oaxaca que colindaba con Puebla, es decir, en toda la región Mixteca. Guerrero inició su nueva encomienda sin tropa a su mando, únicamente acompañado de girones de sueños, de un solo asistente y, además, herido. Para cumplirla tenía que formar un ejército con voluntarios de los pueblos que todavía creían en el triunfo de la causa y además, reunir a los antiguos soldados dispersos.

Se trasladó a Silacayoapan, donde Ramón Sesma, -hijo del aristócrata Don Antonio de Sesma y Alencastre-, lo recibió con recelo. En lugar de alegrar al jefe de esa guarnición la llegada del nuevo comandante, le preocupó cuando se dio cuenta que entre su tropa había soldados, muchos de ellos negros, que habían peleado bajo las órdenes de Vicente Guerrero, y al verlo, no ocultaron su alegría: lo saludaron efusivamente, la mayoría echándosele al cuello para abrazarlo y mostrarle su entusiasmo por volver a encontrarse. Temiendo perder el mando, pensó alejarlo y le ordenó que fuera a Tehuacán para reunirse con Juan Nepomuceno Rosáinz, con el pretexto que éste lo necesitaba.

Antes de que Guerrero ejecutara la orden, Ramón Sesma envió a Francisco Leal con cartas para Rosáinz, recomendándole no le diera mando de tropa y lo nombrara comandante de su escolta para tenerlo controlado. Cuando Vicente Guerrero partió a su destino, Ramón Sesma envió un grupo de soldados a vigilar que en verdad tomara rumbo a Tehuacán y no fuera a desviar su camino. Fue su error, porque Antonio Galván, el comandante de la escuadra que envió a vigilarlo, era leal a Vicente Guerrero, y cuando lo alcanzó, le contó los planes de su jefe. Enterado, abrió los pliegos que portaba y se percató de la treta. En el pueblo de *Tacache de Minas* alcanzó a Francisco Leal, le contó lo que pasaba y lo convenció que abrieran la correspondencia que llevaba, corroborando que su contenido coincidía con lo que acababa de descubrir. Disgustado y desilusionado, consultó con los pocos hombres que le seguían sobre lo que debían hacer y juntos decidieron desconocer la autoridad de Ramón Sesma y Juan Nepomuceno Rosáinz, comenzando a actuar por su propia cuenta, haciendo valer el nombramiento de comandante de las mixtecas extendido por José María Morelos y Pavón. Con esa determinación cambiaron de ruta y fueron a acampar en el cerro de Papalutla, *lugar de las mariposas*, cerca de Tonalá, Oaxaca.

A escasos días de acampar en ese lugar, sorprendidos y temerosos descubrieron muy cerca, separados sólo por un río, una división enemiga compuesta por 700 soldados, al mando del realista José de la Peña, reforzada por la caballería que dirigía José María Martínez, otro realista de Chilapa, bien conocido por su crueldad con los insurgentes y contra sus aliados en los pueblos. El estado de fuerzas era enteramente desigual. Vicente Guerrero y su gente se vieron en el dilema de alejarse, lo cual era riesgoso, además de una afrenta militar, o atacarlos sin armas, en una misión desesperada e imposible.

Decidieron morir. Prepararon garrotes y esperaron que cayera la noche. Encomendaron sus plegarias a los dioses antiguos y a los nuevos. En las brumas de sus recuerdos aparecieron los rostros de sus padres, de sus mujeres, de sus hijos, de quienes se despidieron con disimuladas lágrimas y les enviaron, entre suspiros y sollozos, sus bendiciones. El 1 de enero de 1815, envueltos en el silencio y la obscuridad, interrumpida por brevísimos destellos de algunas luciérnagas, cruzaron el río, penetraron el campo enemigo y atacaron con enjundia. Cuando los realistas se dieron cuenta, muchos de sus compañeros estaban fuera de combate y otros habían emprendido la deshonrosa fuga.

Vicente Guerrero -aunque desconoció la autoridad de Juan Nepomuceno Rosáinz-, sabía que era el segundo al mando después de Morelos y le comunicó los resultados de su increíble hazaña, en la que obtuvo, como botín de guerra, el armamento necesario para equipar su propio ejército. Como respuesta recibió una carta en la cual Rosáinz le ordenaba cumpliera las órdenes de Ramón Sesma y marchara a Tehuacán a reunirse con él. Los dos jefes militares insurgentes temían el crecimiento de la figura de

Vicente Guerrero, tanto entre la tropa como entre los pueblos; si eso sucedía, ambos podían ser desplazados de sus mandos.

Vicente Guerrero marchó con 500 hombres al cerro de Cuacalco, entre Tecomatlán y Atlamajalcingo. Luego que se instalaron, envió un piquete de soldados al pueblo para adquirir lo necesario para su campaña. Los realistas al mando de Félix de Lamadrid descubrieron al pequeño grupo entrar al pueblo por bastimentos y de inmediato iniciaron su persecución. En los alrededores, Vicente Guerrero se dio cuenta de la grave situación de sus compañeros, porque los realistas acostumbraban pasar por las armas a los rebeldes que aprisionaban, y ante ello, con los pocos centinelas que lo acompañaban, bajó rápidamente a auxiliar a sus soldados. Su intrépida acción despertó la simpatía de los habitantes del pueblo, que se le unieron para rechazar y perseguir a los realistas, hasta obligarlos a huir.

Las victorias de Vicente Guerrero y el celo de Ramón Sesma, a pesar de las coordinaciones coyunturales entre ellos, llegaron casi al extremo de provocar combates entre ellos mismos, cuando sus fuerzas se encontraban. Rosáinz se dio cuenta del encono y pensó en la unificación como forma de no perder presencia entre los independentistas. Sus esfuerzos fructificaron y acordaron los terrenos donde actuarían: Vicente Guerrero en el territorio mixteco de la intendencia poblana, -incluyendo el territorio que ahora forma parte del estado de Guerrero-, y ciudades del sur, entre ellas Acapulco; Ramón Sesma en la mixteca de Oaxaca y Juan Nepomuceno Rosáinz en Tehuacán. José

Chepito Herrera permanecería en el cerro de Santa Rosa, dominando Putla y los pueblos inmediatos; además del *cerro encantado*, en Tlaxiaco, que se encontraba en poder de los insurgentes.

Mientras tanto, Morelos reunió a su ejército y pensando en una gran ofensiva, intentó tomar la importante muy noble y leal ciudad de Valladolid, hoy Morelia. Advertidos y fuertemente pertrechados, los realistas rechazaron a los insurgentes en las primeras escaramuzas. El 24 de diciembre de 1813, la noche de navidad, la mas densa y larga de las noches de invierno, Morelos y su ejército acamparon en las afueras, confiados, esperando refuerzos. En un movimiento sumamente audaz y totalmente inesperado, inspirado en la malicia y experiencia del destacado coronel realista Agustín de Iturbide, su caballería, a todo galope, logró atravesar velozmente el centro mismo del campamento insurgente y tras el estallido de las armas de fuego y el desencadenamiento de fuertes alborotos, dejó atrapados a los insurgentes en una trágica confusión, en la cual terminaron matándose entre ellos mismos, dando inicio a la serie de funestas derrotas que marcaron el declive de Morelos.

Posteriormente, triunfaron los realistas en la Batalla de Puruarán, el 5 de enero de 1814, donde cayó preso otro valeroso combatiente, el padre Mariano Matamoros, de enorme inteligencia, que fue ejecutado con dos cargas de fusilería, porque una sola no pudo segar la vida de tan valiente insurgente. En junio del mismo año, el querido patriarca Hermenegildo Galeana sufrió un accidente en batalla al caer de su caballo y fue capturado por el soldado Joaquín de León, quien lo degolló al instante. Al conocer Morelos esta dolorosa noticia, exclamó haciendo referencia a Matamoros y Galeana: "*Se han acabado mis dos brazos, ya no soy nada*". Por su parte, Vicente Guerrero, Guadalupe Victoria y Manuel Mier y Terán, lograron apoderarse de Veracruz.

Las fuerzas realistas de la Nueva España recibieron un gran respiro con el retorno de Fernando VII al trono, en marzo de 1814, y muchas tropas que combatieron contra las fuerzas de Napoleón, ahora libres, vinieron a reforzarlos. Nuevos aires cruzaron el cielo mexicano, presagiando tormentas, venganzas, muertes, desolación. Bajo el mando de temibles militares como José Gabriel de Armijo, los realistas lograron reconquistar Oaxaca y Acapulco, en julio de 1815. El aterrador militar y ahora virrey Félix María Calleja ordenó a las fuerzas realistas atacar al Congreso de Chilpancingo y al Tribunal de Justicia. Por ello, el Congreso acordó trasladarse a Tehuacán, Puebla, el 29 de septiembre de 1815, custodiados por una caravana dirigida por Morelos y Bravo. El escritor e intelectual oaxaqueño Carlos María de Bustamante, director del periódico de la independencia llamado *El Correo del sur* y amigo cercano de Morelos, le había sugerido la conformación del Congreso de Chilpancingo y al hacerlo, Morelos entró en pugna con el caudillo Ignacio López Rayón, que se sentía heredero directo del pensamiento político del padre Hidalgo. Desde este bastión de legalidad, pudo Morelos proclamar ese notable documento conocido como *Los Sentimientos de la nación* y a la vez, declarar la independencia de México y la abolición de la esclavitud, pero este pesado aparato constitucional limitó su capacidad de mando y su velocidad de desplazamiento, con lo que su genio militar se eclipsó.

La respuesta del virreinato fue quemar la Constitución de Apatzingán, por acuerdo de la Audiencia del 17 de mayo de 1815, en la plaza mayor y declarar a los insurgentes, traidores; asimismo, por edicto del deán y cabildo de la catedral de México del 26 de mayo de 1815, se prohibió la lectura de dicha Constitución; el 10 de julio del mismo año el "honorable" Tribunal de la Santa Inquisición se sumó al rechazo de la nueva ley y de la insurgencia y declararon excomulgados a quienes tuvieran en sus manos la Constitución o cualquier papel que propagara la insurrección. El 9 de noviembre del mismo año, se conoció en la ciudad de México que Morelos fue hecho prisionero en Tezmalaca, y posteriormente fusilado tras un corto proceso, la tarde del 22 de diciembre de 1815. Antes de morir, al pasar por el cerro del Tepeyac, se le permitió a Morelos ir a despedirse y a rezar a la Virgen de Guadalupe.

La desilusión y desesperanza recorrieron los campamentos insurgentes. El bando realista estaba engallado y decidido a liquidar todo rescoldo. Gabriel de Armijo, disciplinado militar, nacido en San Luis Potosí en 1774, a los 21 años pasó a formar parte de las milicias de su Estado como sargento de Dragones y después de méritos en campaña, logró la plena confianza de Félix María Calleja, quien le ordenó tomar Chilpancingo, obligando al Congreso de Anáhuac a movilizarse. Guerrero se encargó de custodiarlos y escoltarlos al mando de un regimiento de 400 hombres, hasta dejarlo instalado en Tehuacán.

En 1816 llegó un nuevo virrey, cuando la revolución de independencia daba claras señales de derrota. El excelentísimo señor Don Juan José Ruiz de Apodaca y Eliza, nacido en 1754 en la milenaria ciudad de Cádiz en el sur de España, conocida por su belleza urbana como *La tacita de plata*, había labrado una brillante trayectoria militar, diplomática y política en los conflictos de España contra Inglaterra, hasta ser nombrado Capitán general de la Real Armada Española. Después de la implacable persecución del ex virrey Calleja contra los insurgentes, inteligentemente el nuevo virrey enarboló, además de una fuerte ofensiva militar, una decidida y amplia política de indulto a los insurrectos, que por su carácter, inclinado a la comprensión y a la clemencia, produjo muy buenos resultados. Millares de insurgentes aceptaron el perdón, entre otros, Juan Nepomuceno Rosáinz y Ramón Sesma, y tan sólo Vicente Guerrero en el sur y Guadalupe Victoria junto con Nicolás Bravo en Veracruz perseveraron en su rebeldía contra la Corona. Apodaca dio la orden de que los rebeldes prisioneros bajo ninguna circunstancia debían ser ejecutados sumariamente. Revisó las cuentas y encontró que Calleja las había llevado con mucho cuidado. Pagó la deuda pública, suspendió los empréstitos y restringió los impuestos y otras cuentas normales de la Hacienda. Igualmente, revitalizó el comercio y la minería tanto como pudo.

La sociedad en general sintió simpatía por el virrey y parecía que la rebelión iba apagándose por completo cuando se supo en la Nueva España que el 17 de abril de 1817 habían desembarcado tres navíos en Soto la Marina, Tamaulipas, al mando del liberal Francisco Xavier Mina y 308 voluntarios procedentes de Londres y Nueva Orleans. Se autoproclamó general del *Ejército Auxiliador de la República Mexicana* y el 24 de mayo empezó a avanzar hacia el interior del país para unirse a los insurgentes de Pedro Moreno en el fuerte del Sombrero, al noreste de Guanajuato.

Apodaca envió contra Mina y sus aliados una fuerte columna al mando del mariscal de campo Pascual Liñán, quien después de una activísima campaña hizo prisionero a Javier Mina en el rancho del Venadito, cerca de Silao, el 27 de octubre. Por esa victoria y siguiendo la costumbre napoleónica tan en boga, el virrey recibió el título de Conde de Venadito, título que suscitó numerosas burlas, incluyendo la de llamar a su esposa *la venadita*. Con Mina fusilado el 11 de noviembre de 1817, la insurrección parecía nuevamente haber llegado a su fin. El resumen de la relevante gestión de Apodaca se resume asi: acciones de guerra y fuertes conquistados, 309; bajas insurgentes 10,000 muertos y 6,216 prisioneros; artillería tomada 255 cañones, 27 obuses de todos los calibres, 10,453 armas de fuego y 5,108 armas blancas; caballos tomados 5,678 ensillados y 11,780 en pelo; cédulas expedidas de indulto 57 500, cifras que expresan por sí solas el notable éxito de su política para acallar la llamarada independentista.

En tiempos tan sombríos, también se opacó el espíritu de Guerrero: el 7 de noviembre de 1816, en el paso de la cañada de los naranjos, cerca de la localidad de Acatlán de Osorio, Puebla, los insurgentes bajo su mando, fueron derrotados y desalojados de las alturas por las fuerzas realistas de los comandantes Saturnino Samaniego y Antonio Flon, cuando estos se dirigían de Huajuapan a Izúcar. A pesar de las señales que ensombrecían el futuro, se recuperó y venció a Zavala y Reguera en Azoyú. En este punto recibió una carta de Ramón Sesma, que le participaba la desalentadora noticia de que el insurgente Manuel Mier y Terán, había aceptado el indulto. No sólo eso, Sesma informó a Guerrero que su propio padre llevaba personalmente el indulto que el Virrey le ofrecía. Astutamente, Apodaca apeló al mayor amor que puede existir en el mundo, el de padres a hijos, y comprometió al papá a interponer su respeto y cariño, para que cediese el general mexicano, á quien se hacían grandes promesas. Patriota verdadero, aunque hijo obediente, Guerrero resistió las suplicas de su padre: mandó formar a sus tropas, principalmente a su oficialidad y con el amor y ternura de un buen hijo, dió á conocerles la visita de su padre.

Don Pedro habló a su hijo sobre las penurias de su esposa en prisión, así como del abandono de su pequeña hija y arrodillándose delante de su hijo, abrazó sus piernas y llorando, le pidió que aceptara el indulto y las recompensas que le ofrecían. Guerrero se dirigió a su tropa y les dijo:

Mi padre, que tenéis aquí,

viene a ofrecerme dinero, honores y dignidades,

a la vez que la paz y sosiego de mi persona,

con tal que me retire de mis trabajos de independencia,

y vuelva a la casa particular,

o que ingrese en el ejército español,

si así me conviniere.

Mi padre, al que amo y respeto,

ocupa un lugar muy distinguido en mi corazón,

*pero... **la patria es primero,***

y continuaré mis trabajos,

hasta vencer ó morir.

En seguida besó la mano de su padre y le suplicó que no volviera a verlo, si el objetivo era separarlo de la lucha emancipadora.

A mediados de 1817, Guadalupe Victoria, que hasta entonces había sostenido la guerra de guerrillas en Veracruz, perdió todos los pueblos bajo su mando. Después de su derrota en Palmillas, fue abandonado por sus hombres y se enfrentó a una intensa persecución. Se escondió en la selva, donde sobrevivió comiendo hierbas, frutas, raíces y animales. Se negó a aceptar el indulto del virrey y se quedó escondido en la selva, donde desarrolló epilepsia. Sus apariciones esporádicas en los pueblos lo convirtieron en una leyenda entre los habitantes de la región, igual que la famosa frase que muchos años atrás había pronunciado en la toma de Oaxaca este valiente insurgente: "¡*Va mi espada en prenda, y voy por ella*!

Con el obligado abandono de Guadalupe Victoria, el combatiente que quedó enarbolando la bandera de la independencia, aislado en las montañas del sur, fue Vicente Guerrero.

El Guerrero solitario

Para aniquilar al ultimo insurgente en pie de lucha, el virrey Apodaca puso la campaña del sur en manos del implacable José Gabriel Armijo al que nombró Comandante General, quien, en la última victoria realista del primero de enero de 1818, en el rancho de Dolores, hizo prisionero a Nicolás Bravo, bizarro insurgente que pasó tres años en prisión por negarse a recibir el indulto.

En marzo del mismo año, la junta de Jaulilla nombró al general Vicente Guerrero jefe de las tropas del sur, lo cual le motivó a levantar nuevas fuerzas, organizar las ya existentes y a construir un fuerte en el cerro de Santiago, al que dio el nombre de Barrabás. Uno de los combates más importante de ese año se dio en el cerro de Cupándiro, en el que derrotó a una sección de realistas dirigida por el español Ignacio Ocampo. Para el 27 de marzo del mismo año, Andrés Quintana Roo y su esposa Leona Vicario aceptaron el indulto. Para el año de 1818, la mayoría de los Insurgentes estaban presos o indultados.

Guerrero seguía sin abandonar sus ideales, perseverante, terco, infatigable, reducido al territorio que dominaba y en el cual era invencible; quedó en la misma situación que

Zapata un siglo más tarde: inexpugnable en su tierra pero sin posibilidades de convertir sus guerrillas en un ejército capaz de lanzarse a la ofensiva. No podía ganar, pero tampoco rendirse.

¿Ha sido inútil tanta sangre derramada, tantos sueños perdidos, tantas esperanzas desvanecidas? -Pensó en su interior el héroe solitario, con un dolor en el pecho que nublaba su razón y entendimiento-. *¿Y los siglos de opresión? ¿Y el infame despojo, el ultraje cotidiano a nuestras mujeres, mas doloroso que la marca de hierro en nuestros cuerpos esclavos? ¿Y el desprecio permanente? ¿Y los trabajos forzados?, ¿Acaso no somos iguales a los ojos de Dios? Sí no es a Dios, ¿A quien pedir permiso para recuperar la dignidad?*

Con estas reflexiones vino un golpe de sangre que erizó sus venas y encendió su rostro, ahora mas moreno que nunca. Sintió coraje, rabia, impotencia, pero al final, un asomo de quietud. *Por esta lucha, vale la pena morir*, se dijo a sí mismo y encontró la paz. En junio de 1818 Guerrero se internó en *Coahuayutla*, donde estableció una maestranza en la que pudo reunir cerca de 800 hombres. Al saber que el Brigadier Armijo se dirigía a atacarlo salió a su encuentro en el pueblo de *Tamo*, el 15 de septiembre y después de dos horas de sangrienta lucha, logró derrotar a los realistas, haciéndoles 200 muertos, más de 100 heridos y gran número de prisioneros, además de armamento y parque con los que armó a 1,800 soldados de la libertad.

Quince días después, el 30 de septiembre de 1818, volvió a enfrentar otro ataque de Armijo. La batalla ocurrió en las faldas del cerro de Barrabás, cercano a Zirándaro, donde se atrincheró y después de resistir los embates del ejército novohispano, hizo retroceder a las fuerzas realistas desde el campo de batalla hasta la iglesia del pueblo, sitiándolos durante siete días, hasta que se consumó la derrota y sólo pudieron huir cien soldados realistas.

Con la victoria se apropió de más de 400 fusiles que sirvieron para armar igual número de combatientes y con ello inició la reconquista de Tierra Caliente. Lo primero que dispuso fue la instalación de la Junta de Gobierno en la hacienda de las Balsas y posteriormente, realizó una expedición por el río Mezcala, apoderándose de *Coyuca, Ajuchitlán, Santa Fé, Tetela del Río, Huetamo, Cutzamala, Tlachapa*, y la hacienda de *Cuautitlán*; con esta ofensiva quedó dueño de la Tierra Caliente. Al aumentar su fuerza, tuvo alientos para mandar tropas a tomar Acapulco, Valladolid y Chilapa, pero esta continuación de su campaña no tuvo éxito.

Guerrero se trasladó a los límites de Michoacán para proteger a las guerrillas que operaban en esa región; sin embargo, no pudo evitar que la Junta Gubernativa fuera sorprendida por el enemigo en la hacienda de las Balsas, con lo que desapareció el único centro directivo de los insurgentes. El general Guerrero se trasladó a la costa, cerrando la pinza con su gran compañero Pedro Ascencio de Alquisiras que operaba López Mezcala a Toluca. A mediados de 1819 la división del Brigadier Armijo recibió refuerzos comandados por el teniente coronel José Antonio Echávarri, quien cercó el fuerte de Barrabás tomándolo al asalto, lo que obligó al caudillo insurgente a refugiarse en Michoacán, donde fue vencido en Agua Zarca el 5 de noviembre. Después de esta derrota en tierras michoacanas, Guerrero volvió a cruzar el río Balsas y se refugió en las montañas surianas que tan bien conocía.

En el año de 1819 las tropas de Guerrero, junto con las de Pedro Alquisiras, no daban momento de descanso a los realistas, atacándolos con gran rapidez y moviéndose de un punto a otro. El virrey Apodaca al darse cuenta que el Brigadier Armijo no podía controlar, menos acabar con la rebelión del sur, en noviembre lo destituyó y nombró en su lugar al brillante y polémico, admirado y odiado coronel Agustín de Iturbide.

Rebelión en España

Mientras tanto en España, la política absolutista del rey Fernando VII, la delicada situación económica y la persecución de los liberales generaron un gran descontento, que fue capitalizado por el coronel Rafael del Riego y Flórez, quien capitaneó un levantamiento en la provincia de Sevilla, utilizando las tropas a su mando destinadas a sofocar la sublevación de las colonias españolas en América. Los insurrectos obligaron a Fernando VII a jurar la *Constitución de Cádiz* e introdujeron en España un sistema liberal representado por una monarquía constitucional. Esta situación política duró tres años, hasta 1823, pero tuvo enormes repercusiones en las luchas independentistas de américa.

El 1º. De enero de 1820, al frente de la conspiración, el comandante Rafael del Riego y Flórez, arengó a su tropa con esta proclama:

"España está viviendo a merced de un poder arbitrario y absoluto, ejercido sin el menor respeto a las leyes fundamentales de la Nación. El Rey, que debe su trono a cuantos lucharon en la guerra de la Independencia, no ha jurado, sin embargo, la Constitución, pacto entre el monarca y el pueblo, cimiento y encarnación de toda nación moderna.

La Constitución española, justa y liberal, ha sido elaborada en Cádiz, entre sangre y sufrimiento. Mas el Rey no la ha jurado y es necesario, para que España se salve, que el Rey jure y respete esa Constitución de 1812, afirmación legítima y civil de los derechos y deberes de los españoles, de todos los españoles, desde el Rey al último labrador…Sí soldados, la Constitución. ¡Viva la Constitución!"

Para mantener sus privilegios, las clases hegemónicas de la Nueva España optaron por separarse del liberalismo que ordenaba la constitución restaurada en España. La conjura se tramó en la Sacristía de La Profesa, donde Agustín de Iturbide, destacado militar criollo con relevantes victorias sobre los insurgentes, recibió el mandato de liquidar a Guerrero, proclamar una independencia simulada y ofrecer el trono de México al monarca absolutista Fernando VII, único camino para no obedecer la constitución liberal española.

Controvertido, pero audaz y encandilador, Agustín de Iturbide nacido el 27 de septiembre de 1783 en Valladolid, hijo de peninsular, contrajo matrimonio con Josefa Huarte, primogénita del prominente español Isidro Huarte y nieta del marqués de Altamira, con cuya dote de cien mil pesos compró Iturbide la hacienda de Apeo en Maravatío. Dueño de una relevante carrera militar que inició en 1809, con grado de teniente reprimió la *Conjura de Valladolid*, encabezada por José Mariano Michelena y José María García Obeso. Rechazó el movimiento independentista de Miguel Hidalgo y Costilla, quien le había ofrecido el rango de teniente general. Participó en la batalla del *Monte de las Cruces* y su actuación fue premiada por el virrey Francisco

Xavier Venegas, quien lo nombró capitán; se distinguió por sofocar varias insurrecciones de rebeldes. En 1811 combatió las guerrillas independentistas de Albino García, a quien capturó en 1812, y de Ramón López Rayón, a quien derrotó en el Puente de Salvatierra en 1813. Ese año, recibió el nombramiento de comandante general de la provincia de Guanajuato. En 1815, derrotó al mismísimo *Rayo del Sur*, Morelos, en la tierra natal de ambos, Valladolid, y su fama se fue a las nubes. Su posición de poder le propició hacer negocios poco claros, por lo que el cura de Guanajuato, Antonio Labarrieta, lo acusó de monopolizar el comercio y acaparar la venta de lana, azúcar, aceite y cigarros. Las denuncias acumuladas, sumadas a nuevas protestas de los comerciantes de Guanajuato, llevaron al virrey Félix María Calleja a destituirlo en 1816, acusado de malversación de fondos y abuso de autoridad.

Fue absuelto por mediación del auditor de guerra real, mas no regresó a mando alguno en el ejército realista y se retiró a sus propiedades en Michoacán, hasta que fue llamado por los conspiradores de la Profesa, que requerían un jefe militar de prestigio en el ejército, que mereciese la confianza absoluta de los conservadores. Rumores de la época señalaron que para alcanzar este alto nombramiento fue definitiva la participación de una mujer de belleza legendaria: *La Güera Rodríguez.*

Una mujer fascinante

Nació el 20 de noviembre de 1778 en la ciudad de México, se llamó María Ignacia Rodríguez de Velasco, pero México la recuerda con simpatía como la *Güera Rodríguez*. Su celebérrima belleza, deslumbrante agilidad mental y encantadora sociabilidad, sedujeron a las altas esferas de la Nueva España.

Muy joven enviudó dos veces, con herencias que aumentaron su cuantiosa fortuna. Su vida estuvo llena de admiradores, los hombres quedaban magnetizados por su inocente sensualidad y su intrépida inteligencia, sobresalía del resto de mujeres, aunado a su impecable clase y cultura. Se le atribuyeron muchos amantes, entre ellos dos hombres de leyenda, Simón Bolívar y Alexander Von Humboldt, romances que la sociedad de esa época aplaudía. Sensible y audaz, más allá de la frivolidad, interesada en la política de la Nueva España, financió parte del movimiento independentista que inició Miguel Hidalgo, que motivó fuera llamada por el Tribunal del Santo Oficio de la Inquisición. Los secretos, pecados, verdades incómodas y perturbadores deslices que conocía de encumbrados personajes, incluyendo connotados integrantes del clero, terminaron por desestimar los cargos.

Años más tarde llegaría su momento de mayor poder en el país, al convencer, con su encanto, dinero e influencias, al canónigo Matías de Monteagudo, quien presidió la llamada conspiración *de la Profesa* y al virrey Apodaca, para que designaran jefe del ejército realista al entonces coronel Agustín de Iturbide, su secreto amante. Confirmó este rumor, según algunos, la triunfal entrada del Ejército Trigarante, encabezado por Agustín de Iturbide, quien desvió su ruta y lo hizo pasar justo frente al balcón donde La *Güera Rodríguez*, más hermosa que nunca, esperaba ese momento, que sería parte colorida de la historia de México.

Pasado el tiempo, el imperio cayó y ella se casó, por tercera vez, con un comerciante chileno y continuó como referente social; su gran belleza física, carisma y perspicacia, impresionaron a la Marquesa Calderón de la Barca, esposa del primer embajador de España en 1833, quien la describió en sus memorias como una mujer importante y de gran influencia en México.

El verdadero consumador de la independencia.

Para su campaña Iturbide, Comandante General del Sur, recibió a su cargo el batallón que estuvo bajo las órdenes de Armijo, el cual comprendía el batallón del Sur, el regimiento de Potosí, los escuadrones de Isabel, los infantes de la Corona, el batallón de Murcia y el batallón de Tres Villas. Posteriormente, a petición suya se le unieron también los regimientos de Celaya y el cuerpo de caballería de la Frontera. Para apoyar a la tropa, el virrey envió 35 000 pesos reunidos por la Audiencia de México y 25 000 pesos enviados por el obispo de Guadalajara, Juan Ruiz de Cabañas.

Guerrero sostenía que las causas se ganan, menos en el terreno de las armas que en el de los principios. Defendió cuanto pudo, frente a las ambiciones de varios de sus colegas, la autoridad legal y moral de los supremos poderes electos en Apatzingán, de las Juntas de Taretan y de Jaujilla, y de la escuálida y perseguida Junta de Zárate, a la que dio cobijo, recursos y protección. Cuando Mier y Terán disolvió drásticamente el Congreso, cerca de Tehuacán, Guerrero no sólo se negó a secundarlo, sino que protestó y rompió.

Conocedor de la fuerza de los principios, -él mismo un ejemplo vivo-, en los últimos combates con Gabriel de Armijo y su segundo Carlos Moya, al tanto de la inestable situación política en España, Guerrero dio un paso excepcionalmente audaz y escribió a Armijo, su acérrimo enemigo, invitándole a que encabezara la lucha por la independencia. Ante la negación de éste, Guerrero insistió con el subcomandante Moya, a quien escribió lo siguiente, que revela nítidamente su pensamiento político:

"Como considero a Vuestra Señoría bien instruido en la revolución de los liberales de la Península, aquellos discípulos del gran Portier, Quiroga, Agüero, Riego y sus compañeros, no me explayaré sobre esto, y sí paso a manifestarle que este es el tiempo más precioso para que los hijos de este suelo mexicano, los legítimos como adoptivos, tomen aquel modelo, para ser independientes no sólo del yugo de Fernando, sino aun de los españoles constitucionales…Sí, señor don Carlos, la mayor gloria de Guerrero fuera ver a V.S. decidido por el partido de la causa mexicana y que tuviera yo el honor de verlo no de coronel de las tropas españolas (en donde se tienen muchos rivales), sino con la banda de un Capitán General de las Américas, para decir por todo el orbe que yo tenga un Jefe, padre de mi afligida patria, un libertador de mis conciudadanos y un director que con sus realzadas luces y pericia supiera guiarnos por la senda de la felicidad.

Cuando se trata de la libertad de un suelo oprimido, es acción liberal el que se decide a variar de sistema, mas cuando supongo que no ignorará V.S. el rompimiento que entre

174

liberales y realistas yace en la Península y aun se prepara en este hemisferio...Mis confidentes, así de México como de Ultramar, me aseguran que en octubre próximo debe arribar a la corte mexicana el Excmo. Sr. Capitán General de Navarra, don Francisco Espoz y Mina, a suceder al Venadito. El primero, sé que conserva cierto resentimiento con los realistas (ignoro cual sea la causa), y puede ser que nos resulten algunas ventajas."

Carta de Vicente Guerrero a Carlos Moya. 17 de agosto de 1819.

Ante sus escasas posibilidades de despertar nuevamente una rebelión nacional, la carta es absolutamente reveladora de la estrategia que persigue: seducir a los jefes del ejercito realista y convertirlos a la causa de la verdadera independencia, es decir, el papel que en escasos 4 meses hará jugar a Iturbide. Exhibe inteligencia y una rara exactitud geopolítica, un conocimiento exacto de la situación en España, donde era evidente que los absolutistas no descansarían hasta derribar al gobierno liberal, como sucedió en 1823. Mas aún, con un toque de fina percepción, anticipa la llegada de un nuevo virrey de corte mas liberal, como efectivamente ocurrió a los pocos meses, aunque con otro nombre, don Juan O´Donojú.

Como veremos, el triunfo de la independencia, no es resultado de la conspiración de la Profesa, del deseo de Iturbide o de las órdenes del Virrey Apodaca, sino del genio militar y político de Vicente Guerrero.

Iturbide, al igual que sus antecesores, no pudo derrotar a Guerrero y perdió la mayoría de sus batallas. El 28 de diciembre de 1820, Ascencio de Alquisiras cerca de *Tlataya* destruye la retaguardia del ejército de Iturbide, daña fuertemente una de sus alas y dispersa su centro. El 2 de enero, Guerrero rompe el Sitio de *Zapotepec*, corta la línea realista y destroza el batallón al mando de Carlos Moya. El 25 de enero Ascencio de Alquisiras vuelve a derrotar a Iturbide cerca de *Totomaloya*. Dos días después, el 27 de enero, Guerrero propina otra fuerte derrota a los realistas cerca de la *Cueva del Diablo*, tras una dura batalla que se prolongó todo el día.

Al recibir el parte de guerra, Iturbide azotó con el puño la mesa en el puesto de mando. Se negaba a creerlo: él, el elegido, el militar de carrera, el envidiado por su cuna y su fortuna, el comandante del ejército imperial, era repetidas veces humillado por una horda, una turba armada, una pandilla con machetes y fusiles, una muchedumbre, un populacho enardecido, vestido con harapos que simulaban un mediocre uniforme militar. Respiró profundamente, con los vastos recursos puestos a su disposición, había imaginado una rápida campaña. Al darse cuenta de que no sería nada fácil derrotar a Guerrero, puso en marcha el plan alterno: le mandó una propuesta de paz y una invitación a unirse, junto con el plan de la falsa independencia, surgido de La Profesa.

El comandante realista cayó en su propia trampa. Guerrero, calculando las ambiciones personales de Iturbide, esperaba una misiva suya con tal ofrecimiento, como la mejor oportunidad para revirarle la propuesta de conversión que había formulado a los anteriores jefes realistas. Leyó la carta detenidamente y procedió con prudencia ofreciendo marginarse de encabezar la lucha, pero con grandeza de espíritu y con una contundente firmeza ideológica. Su carta queda para la historia como indiscutible testimonio de un verdadero patriotismo:

"Porque usted se halla bien penetrado de estas verdades, y advertido de que cuando todas las naciones del universo están independientes entre sí, gobernadas por los hijos de cada una, sólo América depende afrentosamente de España.

Concluyamos con que usted equivocadamente ha sido nuestro enemigo, y que no ha perdonado medios para asegurar nuestra esclavitud; pero si entra en conferencia consigo mismo, conocerá que, siendo americano, ha obrado mal, que su deber le exige lo contrario, que su honor le encamina a empresas más dignas de su reputación militar, que la patria espera de usted mejor acogida,

...entienda usted: yo no soy el que quiero dictar leyes ni pretendo ser tirano de mis semejantes; decídase usted por los verdaderos intereses de la Nación, y entonces tendrá la satisfacción de verme militar a sus órdenes y conocerá un hombre desprendido de la ambición e intereses, que sólo aspira a sustraerse de la opresión y no a elevarse sobre la ruina de sus compatriotas."

Esta es mi decisión y para ello cuento con una regular fuerza disciplinada y valiente, que a su vista huyen despavoridos cuantos tratan de sojuzgarla; con la opinión general de los pueblos que están decididos a sacudir el yugo o morir

Convencido, pues, de estas terribles verdades, ocúpese usted en beneficio del país donde ha nacido, y no espere el resultado de los Diputados que marcharon a la Península; porque ni ellos han de alcanzar la gracia que pretenden, ni nosotros tenemos necesidad de pedir por favor lo que se nos debe de justicia, pero si no se separa del constitucional de España, no volveré a recibir contestación suya, ni verá más letra mía.

Vicente Guerrero.
Rincón de Santo Domingo, a 20 de enero de 1821.

En Acatempan, el 10 de febrero de 1821, se encuentran las tropas de Iturbide y de Guerrero, quien explicó a sus soldados la presencia de Iturbide en los siguientes términos:

¡Soldados! Este mexicano que tenéis presente es el señor don Agustín de Iturbide, cuya espada ha sido por nueve años funesta a la causa que defendemos. Hoy jura defender los intereses nacionales; y yo que os he conducido en los combates, y de quien no podéis dudar que moriré sosteniendo la independencia, soy el primero que reconoce al señor Iturbide como el Primer Jefe de los Ejércitos Nacionales: ¡Viva la independencia! ¡Viva la libertad!

El abrazo de Acatempan.

El 27 de septiembre de 1821 el ejército Trigarante entró en la capital con su generalísimo Iturbide. Para vestir adecuadamente al ejército de Guerrero, se abrió colecta pública en Tacubaya. Guerrero a semejanza de Villa y Zapata, nunca se sintió bien en la ciudad de México, recibió el título de mariscal de campo y volvió al sur como capitán general.

El gobierno de Guerrero.

En el año de 1829, Vicente Guerrero fue electo presidente de la República y duró solo nueve meses, debido al levantamiento en su contra del vicepresidente conservador Anastasio Bustamante. En su brevísima gestión, abolió definitivamente la esclavitud, rechazó la compra de Tejas, expulsó al embajador Poinsett del país y armó un ejercito que impidió a España reconquistar México.

Fernando VII autorizó la formación de una armada de doce mil hombres para la *inmediata* reconquista de México, tres mil de los cuales salieron en julio de 1829 del puerto de la Habana, al mando del comandante Isidro Barradas y desembarcaron en Tampico. Guerrero envió al ejército mexicano al mando de Antonio López de Santa Ana y Manuel Mier y Terán, a Tampico, para combatir al enemigo. Dos meses después enviaron su parte de guerra reseñando la completa derrota de los españoles, noticia que llegó á México el 20 de septiembre por la noche, y en un momento, la ciudad se cubrió de luces y estallidos de alegría. El pueblo corrió a la casa del presidente Guerrero para felicitarlo por tan fausto suceso.

Guerrero, en reconocimiento a sus méritos en campaña, ordenó elevar a Generales de División a Santa Ana y a Mier y Terán. El rey español, creído en una recuperación fácil, montó en cólera al enterarse de la victoria mexicana y ordenó formar a la brevedad otro ejercito, ahora de 30 mil hombres, para someter a los rebeldes mexicanos. Espías del gobierno de México transmitieron esta información que provocó nuevos temores y obligó a tomar medidas urgentes de prevención, sin saber con certeza cuando y donde se perpetraría el nuevo ataque. El presidente dispuso entonces que el vice-presidente Anastasio Bustamante pasase á situarse con tres mil hombres entre las villas de Jalapa, Córdoba y Orizaba, desde donde podría hacer movimientos sobre las costas de Coatzacoalcos, Veracruz ó Tuxpan, conservado las tropas en clima templado, sin los peligros de la tierra caliente.

Para enfrentar la crisis económica, la división política, y en forma urgente fortalecer las capacidades de defensa del país ante otro intento de reconquista española, Guerrero obtuvo poderes extraordinarios del Congreso. Muy pronto fue acusado por el grupo conservador llamado los *hombres de bien* de violar la Constitución y actuar de manera ilegal. El vicepresidente Anastasio Bustamante, encabezó en diciembre de 1829 una rebelión en contra del presidente, apoyado en el ejército que el propio Guerrero le había confiado.

En un ambiente de terror militar, de persecución de diputados, de encarcelamiento de opositores, de cierre de periódicos ordenado por Bustamante, -llamado por la sátira popular *Brutamante-*, por sugerencia del ultraconservador Lucas Alamán, se obligó al congreso a declarar a Guerrero imposibilitado para gobernar, para dar legitimidad al gobierno de Bustamante, echando mano de una ley que establecía que *en caso de imposibilidad física o moral del presidente, todas las facultades y prerrogativas de éste* recaerían sobre el vicepresidente. Dicha medida la extendieron después a los liberales y seguidores de Guerrero, a quienes expulsaron de la ciudad de México, basándose en la tesis de que sólo los *hombres de bien,* la clase conservadora, acaudalada y propietaria, debía elegir y ser elegida como representantes, ya que se consideraban los únicos con la capacidad de hacerlo.

El caudillo insurgente se refugió en su tierra, donde era invencible. Bustamante y su ministro de Guerra, José Antonio Facio, con la complicidad de Lucas Alamán, tramaron entonces la traición y el artero asesinato de Guerrero. Un marino genovés, Francisco Picaluga, atracado en Acapulco, prestaba servicios al ministerio de guerra al mando entonces de José Antonio Facio, quien al percatarse de ello, por 50 mil pesos compró la traición. Picaluga, de infame memoria, el 15 de enero de 1831, invitó al héroe de mil batallas a comer en su barco, el *Colombo* donde lo hizo prisionero, junto con su compañero Manuel de Zavala y condujo a ambos a Huatulco, donde los entregó en la playa, bellísima por cierto, llamada desde entonces *La Entrega.*

En Huatulco recibieron a los ilustres prisioneros el capitán José Miguel González, el teniente Fuentes y el alférez Maciel del 4° de caballería. La tradición oral de Santa María

Huatulco informa que fueron inmediatamente llevados a esa población, donde Guerrero pasó la noche amarrado al tronco de una ceiba derrumbada hace pocos años.

Los prisioneros llegaron a la ciudad de Oaxaca a las cuatro de la mañana del 1o. de febrero. La población no se percató del arribo, dada la hora. Las fuerzas de la administración de Bustamante ya tenían preparado el convento de Santo Domingo, para recluir a los prisioneros. El general Guerrero fue puesto solo, incomunicado en una celda, con un guardia especial. Picaluga acompañó a los prisioneros hasta Oaxaca, buscando que se le pagaran los cincuenta mil pesos por su perfidia. De acuerdo con don Manuel de Zavala, en una celda inmediata a la de su prisión, Picaluga recibió de Durán tres mil onzas de oro y dos mil pesos fuertes.

El consejo de guerra se reunió en el convento de Santo Domingo, a las diez de la mañana del 8 de febrero de 1831, para juzgar a don Vicente Guerrero, presidido por el coronel Valentín Canalizo, en una farsa de juicio que duró solo 48 horas, que entre sus muchas ilegalidades, no respetó su calidad de presidente, que nunca le fue retirada, ni tampoco su calidad de General. Ambas requerían de un procedimiento y un consejo especial para poder juzgarlo. La ausencia de pruebas y la visión profundamente clasista de Bustamante y Lucas Alamán se perciben en algunas de las preguntas del interrogatorio dentro del proceso.

El antiguo insurgente fue interrogado sobre su supuesta pretensión de *sublevar a los indígenas en contra de la gente de razón*. El general desconoció la pregunta y manifestó que únicamente indujo a los indígenas, a hacerse independientes de la dominación española.

Los enemigos preguntaron a don Vicente Guerrero si los indígenas tenían la orden de *terminar con los blancos y restaurar el imperio azteca.*

El espurio consejo lo condenó a la pena de ser pasado por las armas, conforme a lo *prevenido en la ley.*

La infame traición que costó la vida de don Vicente Guerrero fue conocida mas allá de la República Mexicana. Los hechos criminales escandalizaron al mundo. En 1833, en nuestro país se conoció la orden del gobierno de la República de Centroamérica expedida para fusilar a la tripulación del *Colombo* y hundir su embarcación, dondequiera que fuese encontrada.

Picaluga fue juzgado por el Consejo Superior de Almirantazgo de Génova, en rebeldía, por la traición cometida en contra de don Vicente Guerrero. El procesado fue condenado, en sentencia de 28 de julio de 1836, a la pena de muerte y a indemnizar a los herederos del general Guerrero. Los oficiales que participaron en el proceso contra Vicente Guerrero fueron ascendidos por Bustamante, pero tras su caída, se les suprimió todo grado y se declaró que no podían pertenecer al ejército. Lucas Alamán, para salvarse, confesó:

"Señor Tornel, yo he sido victima de la amistad y de una palabra empeñada de guardar secreto. La votación en el negocio del general Guerrero fué la siguiente: los señores Facio y Espinosa por la muerte; el señor Mangino y yo por el destierro a la América meridional; decidió el vicepresidente de la república".

El odio no se limitaba a la persona del general Guerrero, se extendía contra lo que simbolizaba. Los valores de la insurgencia no encontraron una fácil acogida en el México independiente. Los grupos privilegiados buscaban conservar el *statu quo*, y se dieron a la tarea de derrocar al gobierno que proyectaba reformas de corte liberal.

Ninguna fuerza pudo vencer a Guerrero en las montañas, en tiempos de la colonia; ningunas fueron bastantes tampoco en tiempo de la república. Fue necesario apelar a la mas negra y mas odiosa de las traiciones. La historia de México tiene algunas páginas oscuras. Esta es negra; y ni los años, ni el polvo del olvido, serán bastantes para borrarla.

Manuel Payno. El Libro Rojo.

Picaluga entró a la historia nacional de la infamia como el traidor por antonomasia, igual que Bustamante. Durante muchos años se contó en la ciudad de México que el desterrado Bustamante encontró en un convento de Jerusalén a un pálido monje que se acercó a él y le dijo: *¿Ya no me conoce, general? Aquí estoy, rogando a Dios por usted y por mí: Soy Francisco Picaluga.*

El juicio en Oaxaca se realizó con el mayor sigilo para que la población no se enterara, amotinara e intentara rescatar al héroe de la independencia. Su traslado a Cuilapan, donde fue fusilado el 14 de febrero de 1831, se hizo en la madrugada y forraron las ruedas de las carretas para evitar que el ruido alertara a los oaxaqueños. Solo algunos personajes prominentes tuvieron conocimiento e hicieron esfuerzos inauditos para salvarlo, uno de ellos reventó un caballo en su ida a México para rogar por su perdón.

Por ello en el año de 1833, restaurado el poder en los liberales, el estado de Oaxaca organizó los mas fastuosos funerales que se recuerden en su historia, en desagravio y en honor del prócer.

Por considerarlo de alto interés para comprender la dimensión de estos extraordinarios homenajes, que hacen justicia a un héroe que parece olvidado por la nación que ayudó a construir, sugiero, especialmente a los jóvenes, leer con cuidado parte de lo escrito por El Dr. Manuel Ortega, quien fungió como rector del Instituto de Ciencias y Artes del Estado, quien relata, con el lenguaje y el sabor de la época, estas sorprendentes exequias:

El gobernador Ramón Ramírez de Aguilar solicita y el Congreso decreta, la exhumación de los preciosos restos del General. El gobierno nombra una comisión de programa compuesta de los señores diputado Juan Vitori Gamboa, administrador de la aduana, don Agustín López y el arquitecto Francisco de Paula. Se convoca a artistas, plateros, escultores, poetas, músicos, herreros y se celebran los funerales mas suntuosos que se hayan hecho nunca, que exigían los grandes méritos del mártir.

...Los plateros fabricaron esta grande urna, de pura plata maciza y quintada, trabajaron con mucho empeño con el señor cura don José María Unda. ...Sale una comitiva encabezada por el Excmo. Ayuntamiento de la Capital, como descubierta van sus

Maceros, cuyas mazas vistosas de pura plata y oro, hacen mas lujosa la comitiva. Siguen los empleados federales y del Estado; militares permanentes, activos y cívicos, jefes de los cuerpos correspondientes; jueces subalternos; comisiones de diputados y senadores de ambas cámaras; comisiones de la Excma. Corte de Justicia; comandante general del Estado, el señor general Isidro Reyes; comisión del cabildo eclesiástico de la Iglesia Episcopal de Oaxaca, todos presididos por el Excmo. Gobernador del Estado, con su secretario; y montados en los coches respectivos suficientes, marchan escoltados por las Compañías de Granaderos, de los Batallones activos de Oaxaca y Tehuantepec, para el pueblo de Cuilapan, cuyo camino estaba guarnecido por una valla popular.

Al llegar, repican las campanas, suenan los cañonazos de la guardia militar, se colocan los tesoros y la primera piedra donde se va a construir el monumento en honor de Guerrero, se canta un responso a toda orquesta. Pasan al Templo, la gente no cabe. Se exhuma el cadáver con todo el respeto debido. Se embalsama con la diligencia mas exquisita, para la perpetuidad de él, y se coloca en la grande y elegante urna de plata.

A la puerta de la iglesia, se encuentra un gran carro pintado de negro y dorados sus adornos, para colocar la urna. El carro en su extremo posterior, tiene una gran concha de respaldo, y en el anterior lleva una estatua que representa al genio de la fama. En medio, una elegante base para colocar la urna de plata, que contiene las cenizas de Guerrero. En el borde superior de la concha, se encuentra el gorro dorado de la libertad y descienden dos cortinas blancas, transparentes, en forma de un vistoso pabellón.

La gran procesión se ordenó para entrar en camino, que se prolongó demasiado, por la puntual asistencia de los alumbrantes de más de cuarenta pueblos, que con sus cirios en mano, formaban dos columnas de fuego á los laterales del camino. Muchos hombres a caballo multiplicaban tan singular grupo: La guerrilla, con las piezas de artillería, abría paso a la multitud de curiosos, que con respeto y veneración, aguardaban el transito del cadáver. Tras ella iban los alumbrantes enumerados; tras éstos, el carro fúnebre, y después los coches con los Supremos Poderes, autoridades religiosas, seculares y militares, y cerrada la retaguardia por la infantería en columnas. A cada cuarto de legua estaba colocada una poza, donde se disparaba un cañón y se cantaba un solemne responso, hasta llegar á la orilla del río Atoyac. El Excmo. Ayuntamiento de la capital, puso allí la poza mas importante del camino. Los honores se multiplicaron en este lugar, y el cura de Cuilapan, don Ramón Castellanos, entregó la llave de la urna, a los curas de la Santa Iglesia Catedral, después de las oraciones.

La comitiva, al otro lado del río, baja de los carruajes, sigue á pie hasta la Iglesia del Convento de San Francisco; en cada esquina un cañonazo. Un doble general de las campanas de las iglesias de Oaxaca, anuncia la llegada del cadáver a San Francisco. Un suntuoso catafalco estaba en el crucero de esta iglesia, á propósito para colocar la urna que contenía el tesoro de los restos del General Guerrero. La iluminación del templo era maravillosa, grandes candiles de cristal, que sostenían en sus manos, como al aire, ángeles que solo se sostenían contra las paredes del templo, por ocultos mecanismos. Era tanta la luz de esta iglesia, que se leían con facilidad las grandes poesías, castellanas y latinas, que contenía el catafalco, y se percibía perfectamente la estatua de la fe, que coronaba este mismo monumento, que tenía á la vez, en sus intercolumnios, cuatro estatuas, en actitud de llorar la muerte del General Guerrero, cuyos restos descansaban en el centro. Se verificaron los oficios con que la iglesia favorecía el espíritu del prócer sacrificado.

Las honras continúan al día siguiente. Casas y balcones de luto, en cada esquina un disparo, las campanas tocan a duelo. Una procesión mayor sale de palacio al templo de San Francisco. A la descubierta los batidores de caballería lujosamente ataviados, después los jefes de ordenanza montados; una compañía de granaderos con cuatro cañones, seguidos por el batallón activo de Oaxaca y cuatro córcales enlutados, adornados con preciosos penachos de plumas negras. Las cofradías piadosas, divididas en dos columnas, continúan desfilando, seguidas de los sacerdotes de las comunidades de Santo Domingo, San Francisco, San Agustín, Betlemitas, Mercedarios, Agustinos, Filipenses y Juaninos, a los que seguían, la Capilla de la Iglesia de Catedral, cuya música era bastante fúnebre. Los señores canónigos y prebendados, á los que presidia, con capa pluvial de luto, el señor canónigo, doctor don Juan José Guerra y Larrea, que era entonces el gobernador de la Mitra de Oaxaca.

Entre estas dos columnas de eclesiásticos y componentes de las cofradías piadosas, iban ocupando, a trechos correspondientes y en sus andas, cuatro grandes genios, siendo el primero, cargado por cuatro militares. Este, representaba al Dios Marte, lujosamente ataviado al estilo romano, con armaduras de acero, capa purpúrea, graciosamente colocada, brillante casco en la cabeza, una lanza en la mano izquierda y una espada en la derecha. Seguía al dios Marte, la diosa Palas, con un escudo en el antebrazo izquierdo y un bastón que presentaba al público en la mano derecha. La estatua de la América, ocupaba el tercer lugar; con penacho vistoso, compuesto de plumas tricolores, cubre la parte superior de la cabeza; unas enagüillas de gala, cubren el tronco del cuerpo, hasta la rodilla; ricos listones entrecruzados, sostienen los cadillos de los pies, y adornan sus piernas, y un carcax armado de flechas, descansa sobre sus espaldas. Esta representación de la América, conduce en las manos, las charreteras y la banda, que recuerda el grado que llevaba en vida, el General de División, presidente de la república, Vicente Guerrero.

La última estatua, se presenta de luto riguroso, un velo transparente cubre su divino rostro, y en actitud de pena se acerca al rostro el sombrero montado del General, como si quisiera bañarlo con sus lagrimas, y en la mano derecha lleva el escapulario, perforado por la bala que mató á Guerrero. Y la verdad toda ella, representa el genio del sentimiento.

Solo esta parte de la comitiva, ocupaba cuadra y media. El gran carro fúnebre, con la argentina urna en su centro, y sus guardias laterales, los maceros del Ayuntamiento, con el genio de la fama en su extremidad anterior, marchaba en seguida, y tras él, el acompañamiento de personas particulares invitadas, á las que seguían los supremos poderes del Estado, Gobernador, Comandante General, Diputados y Senadores; los componentes de la Corte de Justicia, el secretario del despacho del Gobierno, y toda la oficialidad, cubriendo la retaguardia de todos; una columna compuesta de los batallones activos de Oaxaca y Tehuantepec, y el primero de milicia cívica, tras los que seguían muchos coches de la ciudad de Oaxaca. En cada esquina se halla preparada una poza; en ella se coloca la urna; la artillería hace sus descargas, y el señor gobernador de la Mitra canta un responso solemne, acompañado de la música. Así se marcha cerca de siete cuadras, que dista San Francisco de la Iglesia Catedral. Esta procesión, que ha atravesado la plaza, delante de Palacio, llega á su frente. La concurrencia y las autoridades se colocan en el templo, después de haberle hecho valla de honor á los restos del General Guerrero, que se desprenden del carro fúnebre y van depositados en la urna, que se coloca en el majestuoso catafalco ya preparado entre el crucero de la Iglesia y el Presbiterio.

Este monumento queda bajo la bóveda mayor de la Iglesia, tiene un primer cuerpo cuadrado de bastante extensión. Sobre esta gran base, se extendía un segundo cuadrado con dieciséis columnas dóricas, que sostenían un gran cornizón sobre el cual descansaba una gran bóveda piramidal, compuesta de cuatro triángulos, y en cuyo extremo estaba colocada una estatua que representaba al tiempo, armado de su guadaña. Estas columnas estaban repartidas de tal modo, que pudieran sostener al cielo del edificio. Arriba, en el centro del segundo pedestal, se levantaba una mesa de luto, donde se colocó la mencionada urna con los restos del General. Los cuatro genios que venían en la procesión, fueron repartidos en los laterales, y subieron á esta especie de entablado cuatro centinelas vivientes, con sus armas á la funerala. Este monumento, perfectamente decorado, se acompañaba con excelentes poesías, repartidas en varias de las grandes columnas de la Catedral y en algunos otros lugares de las paredes del templo.

La iluminación es soberbia; más de dos mil luces iluminan al monumento y los altares de la iglesia. Los candiles y lámparas llevan esa luz á las alturas de las bóvedas, completando una majestuosa vista que encantaba á los concurrentes, sin abandonar en sus semblantes las señales del dolor. Los responsos y ceremoniales se verifican en la tarde y la comitiva se retira á dejar á su Palacio al Gobierno, escoltado por la brillante columna de honor. La Iglesia queda abierta para el público y la concurrencia de entrantes y salientes es numerosísima. El Gobierno, con su comitiva y su columna de honor, vuelve á las cinco de la tarde á la misma Iglesia Catedral. Se canta la vigilia, y se oyen instrumentos de música, los conocidos y otros nuevos, que acompañaron á las voces magníficas que se oyeron en ese templo. A las siete y media de la noche se retira el Gobierno con su acompañamiento, y el templo queda abierto hasta deshoras de la noche. En la madrugada del 2 de mayo de 1833, un doble general en todas las iglesias substituyó la vacante y fuego de cañón, que se estuvo verificando el día anterior y aun toda la noche. Casi todos los habitantes de la Ciudad se disponen para asistir á la Iglesia de la Catedral, en la que, los que no cupieron en ella, se quedaron rodeando por fuera este templo. A las seis de la mañana empiezan á bajar de sus conventos todas las comunidades religiosas, que ya en la iglesia matriz, cantan alternativamente sus responsos y demás demostraciones de dolor; á las ocho de la misma mañana sale de su palacio el Gobierno, con sus empleados, y reunidas á ellos las autoridades del Estado y muchas de las personas principales de la Ciudad, de tal manera, que se forma una columna procesional más numerosa que la del día anterior; abriéndole paso á la comitiva las mazas del Excmo. Ayuntamiento de la Capital.

Una vez llegado el Gobierno á la Catedral con su comitiva, el Gobernador ocupa su sitial, los demás señores llenan los demás asientos. Cuatro Canónigos y el Preste cantan sus responsos, y después comienza el santo sacrificio de la misa de réquiem. La reunión descrita se ha disuelto, haciendo honores al Gobierno, que volvió á reunirse en Catedral á las cuatro de la tarde, para salir en procesión en el mismo orden y ceremonial que el día anterior, a la Iglesia de Santo Domingo.

Llegado á éste, la comunidad de religiosos dominicos, en dos hileras y con los brazos metidos en sus manguillos, en señal de duelo, en la puerta del gran atrio de la Iglesia reciben a la comitiva y la conducen al interior del gran templo de Santo Domingo. En este templo se encuentra un hermosísimo catafalco, compuesto de un gran pavimento, que sostienen ocho columnas dóricas, las cuales tienen sobre sí una elegante bóveda, todo decorado con blanco barniz y dorados chapiteles, así como otros adornos de este monumento, que en su extremo tenía colocada una estatua de la América, presentando en la mano izquierda, además del gorro de la Libertad, una lanza, y en la derecha la Constitución Política de la República y la del Estado. En el interior se encontraba un túmulo negro, con la casaca de General, adornada con las charreteras de grado, y, además, estaba presentada allí la banda azul, bastón, espada y sombrero de General de División.

A los laterales de este túmulo estatuas, que representaban á la Justicia, la Fortaleza, la Esperanza y la Victoria. Las estatuas conducidas durante las procesiones fúnebres, la de Marte, América, Palas y del Sentimiento, fueron colocadas allí, en columnas a propósito preparadas. La urna fué colocada en el centro de este catafalco, algo mas elevada que las insignias de general que adornaban este gran pedestal. En el momento de colocar la mencionada urna se hicieron los honores al ilustre muerto con las descargas militares de infantería y los cañonazos de honor que manda la ley a los que han sucumbido en tan grandes puestos, dejando memoria de hechos imborrables.

Los solemnes honores fúnebres eclesiásticos se verificaron bajo una iluminación general del templo, catafalco y altares, que hacia la vista sorprendente; después se trasladó la urna a un bien trabajado pedestal de piedra fina, preparado á orillas del

Presbiterio de la Capilla del Rosario, que siempre había llamado la atención por su magnificencia. La nube de plata que había allí figurada, encima del gran nicho de la Virgen del Rosario, el altar con sus grandes blandones, candeleras y barandal de plata de este Presbiterio, hacían un juego maravilloso de riqueza con la urna de plata y oro que se colocó, con los restos de Guerrero, en el pedestal mencionado.

Se ha concluido el ceremonial doliente; se escuchan las ultimas descargas de fusilería y cañón al retirarse el Gobierno y su comitiva, y quedan aplazados para el día siguiente, en que debe verificarse otra ceremonia. A las ocho de la mañana se reúne otra vez la mencionada comitiva, con muchos particulares de la capital del Estado, en el Palacio, para acompañar al Excmo. señor gobernador, Don Ramón Ramírez de Aguilar, cuya comitiva marcha para el convento de Santo Domingo. Los religiosos dominicos tienen preparado el gran Salón de Capitulo, que, por su extensión muy capaz, lo convierten en salón del Soberano Congreso, que ya reunido, espera al Ejecutivo para la última ceremonia.

El Gobernador da cuenta al Congreso de haber cumplido, del mejor modo que pudo, el mandamiento de ese Cuerpo Soberano, que había decretado la exhumación y honores fúnebres del Excmo. General Vicente Guerrero.

El presidente del Congreso, Licenciado Don Joaquín Guerrero, anterior y buen Gobernador del Estado, contestó á su vez con mucha propiedad este discurso, al que siguió la entrega de la llave de la urna de Guerrero. Concluidas las ceremonias, bajan al Palacio del Gobierno, donde el presidente de la Corte de Justicia da el más sentido pésame, á nombre del Estado y el gobernador, don Ramón Ramírez de Aguilar, y el Comandante

General, don Isidro Reyes, pronuncian las últimas alocuciones, con lo cual queda concluido este suntuoso ceremonial.

Vicente Guerrero es héroe nacional, Benemérito de la Patria, consumador de la Independencia y fundador de México; en 1849 se nombró en su honor el Estado de Guerrero, varias escuelas, calles y hospitales llevan su nombre, que también se encuentra inscrito con letras de oro en el muro de honor del Palacio Legislativo de San Lázaro, junto con su célebre frase: "La patria es primero". Sus restos descansan en la Columna de la independencia, y en Huatulco, una pequeña escultura en la bella playa de la entrega, rinde tributo a la memoria de este insigne mexicano.

México independiente

En los primeros años del México independiente, se presentó un proyecto alemán para construir una carretera del golfo de México al océano pacífico, que no se llevó a cabo por falta de interés y recursos. En 1837, un sacerdote de Coatlán, Veracruz, introdujo la planta de café a la región y en 1844 se fundó *Pueblo Nuevo*, hoy conocido como Benito Juárez.

El Lic. Benito Juárez, cuando fungió como Gobernador de Oaxaca en el año de 1849, tuvo interés en mejorar el camino a la costa y ordenó su construcción. El 18 de agosto de ese año, se emitió un decreto que convirtió el puerto de Santa Cruz Huatulco en *Villa de Crespo*, en homenaje al sacerdote independentista Manuel Sabino Crespo, natural de Ejutla, Oaxaca.

Las obras del camino comenzaron y se dotó a las diversas poblaciones con elementos de trabajo, picos, palas, barretas, para alcanzar el objetivo de Juárez, que era dar paso a carruajes con el propósito de impulsar y facilitar el comercio con dicha bahía, pero las obras se vieron interrumpidas por los violentos acontecimientos de la época. En otro periodo de gobierno de don Benito Juárez García, en 1856, las obras continuaron, pero nunca pasaron más allá de Santa María, debido a la guerra de Reforma y a la guerra de intervención francesa.

En el año de 1859, un hombre de extraordinaria inteligencia a quien Maximiliano de Habsburgo quiso tener como ministro de cultura, el estudioso francés llamado Charles Brasseur, quien aprendió maya y realizó la primera traducción del *Popol Vuh* y del *Rabinal Achí*, rescató el manuscrito *Troano*, el códice *Chimalpopoca* y publicó por primera vez los manuscritos del Padre Landa en Yucatán, vino a México contratado por la Compañía Luisiana de Tehuantepec, formada por senadores y empresarios estadounidenses, que al amparo de las negociaciones del tratado McLane-Ocampo, obtuvieron la concesión para transportar pasajeros por el Istmo de Tehuantepec, siguiendo la ruta Nueva Orleans-Coatzacoalcos-Salina Cruz-San Francisco, California y viceversa. Más importante aún, obtuvieron la concesión para construir un ferrocarril interoceánico en la ruta.

Brasseur relata que fue contratado para realizar el viaje a Tehuantepec[24] y supervisar los servicios de la empresa, acompañando a John Murphy, directivo de esa Compañía y posterior senador estadounidense, quien le comentó que en una próxima adición al tratado McLane-Ocampo, que nunca se firmó, se agregaría la concesión a su compañía

---

[24] *Viaje por el Istmo de Tehuantepec. Charles Brasseur. México. Fondo de Cultura Económica. 1992.*

para utilizar en exclusiva el *"Puerto de Guatulco, el más hermoso y seguro de Oaxaca"*.

Cuando ambos llegaron a Tehuantepec, Brasseur por enfermedad se quedó ahí una semana, donde conoció al jefe político del lugar, Porfirio Díaz y a una mujer hermosísima a la que con admiración llamó *Didjazá, la zapoteca*, y de ambos hace una memorable descripción, así como de la exploración que Murphy realiza en Huatulco, de la cual escribe:

"Regresó Murphy… trayendo un gran número de ídolos y otros objetos antiguos que habían encontrado en las ruinas de la antigua ciudad de este nombre… la habían encontrado casi desierta…había levantado el plan del Puerto de Guatulco y señalado todos sus sondeos…Siguiendo las indicaciones que le habían dado en El Barrio, había descubierto a más o menos dos leguas del pueblo actual de Guatulco, las ruinas de una vasta ciudad fortificada que suponía ser el Guatulco de los antiguos; situada en una meseta rodeada de profundos precipicios que se extienden como un promontorio hacia el mar".

El censo de 1890 a nivel estatal, registró al puerto de Huatulco, como un lugar multiétnico, que alberga residentes de diversas regiones.

Una nueva cruz

El famoso, eminente y prominente obispo y primer arzobispo de Oaxaca, don Eulogio Gillow y Zavalza, se esforzó por fortalecer el culto a la famosa cruz y en una de sus dos visitas a Huatulco, colocó en el año de 1895 otra gran cruz, en el mismo lugar en que había estado la primera, que es la que se conserva hasta la fecha, donde también promovió la construcción de una capilla para resguardarla con dignidad.

Eulogio Gillow nació en marzo de 1841 en la ciudad de Puebla y murió en mayo de 1922 en Ejutla de Crespo, Oaxaca; fue un hombre de grandes luces y fina sensibilidad, que tuvo elevado poder e influencia gracias a su enorme fortuna, deslumbrante inteligencia y entrañable amistad con el presidente de la república, general Porfirio Díaz, lo que contribuyó también a las buenas relaciones iglesia-estado.

Factor de estabilidad social en el sureste de México, debido a que toda la región dependía de su jurisdicción y por otra parte, propietario de la hacienda de San Antonio Chautla, una de las más ricas e importantes de México durante el porfiriato. Su padre, el inglés Thomas Gillow, natural de Liverpool, vino a México en 1819 y estableció la joyería

Roskel en la céntrica calle de la Profesa, hoy Madero, teniendo mucho éxito e ingresando a la alta sociedad capitalina. Contrajo nupcias con la marquesa de Selva Nevada, Soledad Gutiérrez de Rivero y Rodríguez de Pinillos, quien había enviudado del marqués Felipe Zavalza y Aróstegui, con quien tuvo una hija llamada María y otro varón.

A la muerte de su esposo, la marquesa Soledad, -ella era la titular del título nobiliario-, heredó importantes bienes cercanos a la ciudad de Puebla que compartió con su nuevo esposo Thomas Gillow, quien se dedicó a administrar su nueva fortuna. Al fallecer Soledad, Thomas Gillow quedó unido a su hijastra, inicialmente para autonombrarse herederos mutuos con el fin de resolver los problemas relacionados con la herencia de la marquesa de Selva Nevada, pero finalmente vivieron como pareja. No obstante no haber impedimento para contraer matrimonio, nunca lo llevaron a cabo. Su único hijo fue Eulogio quien recibió los apellidos Gillow de su padre y Zavalza de su madre. No heredó el marquesado porque éste en particular se heredaba de mujer a mujer.

Fue educado en la religión católica por sus padres y en especial por su padrino el Dr. José María Marín. A los diez años acompaño a su padre a Inglaterra a la *exposición universal* de 1851 y para ser educado en los mejores colegios y universidades de Europa, donde sacó siempre las mas altas calificaciones, recibiendo numerosos reconocimientos. En Roma conoció al emperador Maximiliano en la recepción que se le ofreció como futuro soberano de México, por ser pariente de uno de los más destacados monárquicos, José María Gutiérrez de Estrada.

A su regreso a México, el novel presbítero se instaló en la capital que sufría los enfrentamientos entre liberales y conservadores. Su padre había conseguido con su amigo ministro Joaquín Ruíz la reapertura del templo de la Profesa y había comprado la antigua casa de los jesuitas para edificar un hotel, que sirviera al mismo tiempo para dar albergue a los padres que mantendrían al templo; este fue el origen del Hotel Gillow, donde en 1900 el presidente Porfirio Díaz firmaría el tratado de limites entre los estados de Oaxaca y Veracruz, vigente hasta la fecha.

Para no verse envuelto en la turbulenta política local Gillow y Zavalza se embarcó rumbo a Europa en abril de 1866; en el camino trabó amistad con el general Almonte que viajaba a Paris como representante del gobierno conservador. En Roma fue nombrado camarero secreto supernumerario del Papa y servía en las audiencias del jefe de la iglesia gracias a que dominaba cuatro idiomas. Visitó varias veces a la Emperatriz Carlota cuando se hallaba precisamente en Roma para tratar el Concordato y percibió cómo la soberana iba perdiendo la razón.

En 1863 se doctoró en Derecho canónico. Estuvo presente en la definición dogmática de la *infalibilidad del Papa* en calidad de prelado dentro de la corte pontificia. Monseñor Gillow logró que se colocara una imagen de la venerada virgen de Guadalupe en la capilla lateral de *San Nicolás en Carcere,* encontrada y llevada a Roma por los liberales jesuitas mexicanos desterrados en 1773, en cuya ceremonia de instalación participaron más de 60 obispos.

De regreso a México en 1870, Gillow introdujo grandes mejoras agrícolas a la hacienda de Chautla heredada de su madre, el antiguo marquesado de Selva Nevada, con la tecnología mas avanzada e innovadora de la época, además de que construyó aquí, la primera central hidroeléctrica de américa latina.

Aumentó el salario de sus trabajadores y estableció escuelas para sus hijos, no permitió las tiendas de raya e instaló un observatorio meteorológico. Tan benéfica labor hizo en Chautla que el presidente Francisco I. Madero se deshizo en elogios y mandó que el gobierno pagase a los maestros de la escuela.

A raíz de la muerte de su padre, Gillow radicó en México, donde se le ofreció la sede obispal vacante en Puebla, que rechazó, no así la de Oaxaca, que aceptó por órdenes del Papa, donde fue consagrado el 31 de julio de 1887. A la ceremonia asistió lo más granado de la sociedad metropolitana y el propio presidente Porfirio Díaz, con su familia.

Durante su gestión episcopal Gillow se dedicó a visitar y reparar los templos, empezando por la Catedral y no solo benefició a su diócesis, sino que construyó diversas obras y una planta de gas que proporcionó luz a la ciudad de Oaxaca.

Ex-hacienda de Chautla que recuerda las casas de campo inglesas, fue de las de mayor esplendor durante el porfiriato. Posteriormente, Gillow la dedicó para escuela de agricultura.

Consiguió la erección del obispado de Tehuantepec; visitó varias veces Roma, donde solicitó reformas para la iglesia mexicana, adquirió reliquias y trajo al artista italiano *Tadolini* para hacer el altar mayor de la Catedral de Oaxaca.

El 25 de diciembre de 1891 se erigió el arzobispado de Antequera; asistió al Concilio Plenario Latino Americano celebrado en Roma en 1899; visitó a la reina de España en Madrid; de regreso a México asistió a la coronación de la virgen de Ocotlán y el 18 de enero de 1909 a la coronación de la venerada virgen de la Soledad de Oaxaca, a la que obsequió una finísima corona con las joyas y las esmeraldas de su señora madre, la marquesa de Selva Nevada.

En Oaxaca promovió con intensidad el culto y la veneración a *La Santa Cruz de Huatulco*, pronunciando sermones especialmente preparados para sus festividades; recreó y dio difusión a la leyenda de la cruz y remodeló la capilla lateral de la catedral, junto a la puerta que da hacia el zócalo de la ciudad de Oaxaca, destinada al culto y a guardar la cruz hecha de la madera de la cruz original, que perdura hasta la fecha.

La pequeña cruz está acompañada de dos pinturas encargadas al pintor Daniel Dávila por el propio arzobispo Don Eulogio Gillow, en el año de 1904. El cuadro a la derecha se llama *la invención de la cruz* en relación con la cruz de Cristo hallada por Santa Elena, en la que aparece, de perfil, el propio Gillow. En la pintura a la izquierda *El milagro de la Cruz de Huatulco,* recrea el intento de quemar el santo madero, pintura que aparece en la portada de este libro.

Años antes, también el Obispo Gillow había encargado para el templo de San Juan de Dios, junto al mercado central de Oaxaca, una bella pintura hecha por el artista Urbano Olivera en 1890, que describe el momento en que un grupo de soldados españoles descubren y reverencian la legendaria Cruz de Huatulco, que se reproduce en la pagina 125 de este texto.

Merced también a una invitación personal de don Eulogio Gillow, el extraordinario paisajista mexicano encargo del propio Gillow que pensó en llevar esa pintura de regalo al José María Velasco visitó Oaxaca y pinto la catedral, como Papa, en su siguiente viaje a roma. Durante su estancia en Oaxaca, José María Velasco pintó cinco bellos cuadros: una preciosa vista panorámica de la ciudad de Oaxaca desde el norte y otra desde el sur. También pintó una panorámica de Ixtlán de Juárez y un bello, enorme y majestuoso cactus cuya pintura se conoce como "el Candelabro".

Catedral de Oaxaca. José María Velasco. 1887

La quinta obra es la estupenda pintura de la catedral, reproducida líneas arriba.

La gran visión de Gillow al invitar a Velasco a Oaxaca en 1887, fue confirmada en 1888, cuando este artista tuvo el honor de ser comisionado por el Gobierno de México como jefe de la delegación que asistiría a Francia, llevando sus pinturas, para ser exhibidas en la Exposición Universal de París.

En su correspondencia de esa época, expresó:

"...los cuadros míos han producido mucho efecto, y se han sorprendido de ver que en México se puedan pintar estas obras que juzgan de bastante mérito...Ayer he recibido la

Condecoración de Caballero de la Legión de Honor, que me honra mucho..."

En aquel tiempo, el tema imperante de los pintores de México era la figura humana en composiciones religiosas, mitológicas, históricas, etc. Velasco fue un gran innovador, un verdadero creador, que dedicó la mayor parte de sus obras a la representación de la naturaleza, alcanzando en sus cuadros una belleza que llega a lo sublime. Sus mas fervientes admiradores han dicho que *pintaba hasta el aire,* pero uno de sus críticos, -existían aunque uno no lo crea-, el magnífico Dr. Átl decía, con fino sentido de humor, que Velasco todo lo veía con un solo ojo, *el de la cámara fotográfica.*

Huatulco en el siglo xx

Durante principios de este siglo los cafetales dieron auge a la región y propiciaron que llegaran a Huatulco barcos de cabotaje, entre los que hubo algunos de bandera alemana hasta de 4,000 toneladas.

Con el mismo nombre de *Piedra de Moros* se conoció un terreno de gran extensión situado en Santa María y Santa Cruz Huatulco, que fue adquirido para el H. Ayuntamiento, por el licenciado Lavariega y socios, en 1904. La porción sur de este terreno, conocida como *Bajos del Arena*l fue vendida a su vez en 1913, a Jorge de Átala, originario de Siria, soltero de 31 años, dedicado al comercio ambulante.

El Sr. Lavariega fue uno de los principales informantes del Presbítero Maximiliano Amador, autor de las *Leyendas y Tradiciones de Pochutla*, obra escrita en 1925. Otra informante fue la Sra. Concepción García.

El tráfico marítimo de café y productos de la región quedó suspendido a partir de la segunda guerra mundial. En 1945, a su terminación, el café comenzó a ser extraído en camiones y se integró una red de brechas, que dejó en el olvido, nuevamente, al puerto de Huatulco.

Una inundación en 1967 provocó el desbordamiento del río Coyula y fuertes afectaciones a sus alrededores. Santa María Huatulco y San Mateo Piñas firmaron en 1973 un acuerdo para respetar las tierras del poblado Benito Juárez.

Entre 1968 y 1969, se filmó en la pequeña, encantadora y bella bahía de Puerto Ángel, *la Herencia,* un documental que ganó un premio en el famoso festival de Venecia en cuya realización participó Raúl Martínez Ostos y ahí llegó su hermano Eugenio a visitarlo, quien quedó enamorado de las playas oaxaqueñas y decidió, desde entonces, que algún día se vendría a vivir a la costa oaxaqueña.

La primera vez que conocí Huatulco fue en el año de 1979, merced a la gentil invitación del señor Quintín Galguera, entonces presidente municipal de Pochutla, quien me invito a comer en una de sus bellas y aisladas playas, entonces prácticamente vírgenes. Utilizamos un Jeep para el traslado y recorrimos un sinuoso, improvisado y maltratado camino de terracería, que se abría paso entre matorrales, barrancas y ríos, en plena Semana Santa, cuando la selva baja caducifolia de la región había perdido sus hojas y dormía, aguardando su resurrección con las próximas lluvias, cuya magia adornaría nuevamente a la madre tierra, con vestidos de fiesta, tejidos en una gama infinita de verdes.

De altas ramas colgaban, curiosos, los nidos de los pericos y del azul profundo del cielo, desnudo, sin nubes, descendía un calor de costa tropical, arropado por el murmullo del mar, cada vez más cercano. Instalamos nuestro improvisado campamento en la playa, a un lado de riscos bañados por el choque de las olas, cuyo roció transportaba un generoso viento refrescante. El pescador especialmente convocado por don Quintín, se metió al mar y nos trajo sus frutos, sus tesoros, sus sorpresas, para cocinarlos al fuego y limón, que aderezaron, de manera deliciosa e inolvidable, mi primera visita al paraíso.

Algunos amigos en la ciudad de Oaxaca platicaban con nostalgia los gratos recuerdos de sus largas vacaciones escolares en las playas desiertas de Huatulco, a las que arribaban con sus padres, amigos y familiares y después de construir ligeras e indispensables enramadas, descargaban los camiones donde trasportaban todo el equipo necesario para disfrutar, con la comodidad posible, este increíble regalo de la naturaleza.

El redescubrimiento de Huatulco

¡*He encontrado las playas más bellas de México*! dijo emocionado cuando irrumpió intempestivamente en el despacho de Miguel de la Madrid, subdirector del Banco de México, el entonces director de Infratur, organismo previo a Fonatur, encargado de promover el desarrollo turístico de México, al regresar apresuradamente de un sobrevuelo en Huatulco, para informar esta extraordinaria noticia a su superior jerárquico.

Alto, inteligente, carismático, con maestría en Harvard, experiencia en el Banco Interamericano de Desarrollo y en el Banco de México, Antonio Enríquez Savignac fue de los primeros funcionarios especializados en desarrollo turístico y quien participó con gran empeño en la planeación y construcción de los centros integralmente planeados, iniciando con el pie derecho, con enorme éxito, en el primero de ellos, en las hermosas playas de *Cancún*.

En esta creativa e innovadora tarea, Antonio Enrique Savignac sobrevoló todo el litoral mexicano para identificar las playas susceptibles de ser aprovechadas en el caribe, en el golfo y en el pacifico. Cuando apreció desde las alturas, en toda su dimensión, la terca generosidad de la naturaleza que dotó a Huatulco de nueve bahías sucesivas, una tras otra, con sus múltiples playas y su extraordinario entorno natural, ordenó al piloto regresar de inmediato a México y del aeropuerto se trasladó rápidamente al Banco de México para informar de su increíble y extraordinario hallazgo.

Su jefe, el futuro presidente Miguel de la Madrid, conoció personalmente Huatulco mucho antes del despegue formal de su desarrollo, en el año de 1980, cuando fungía como secretario de programación y presupuesto. Al concluir su gira de trabajo en la costa oaxaqueña con el gobernador Eliseo Jiménez Ruiz, -a quien yo acompañaba-, fuimos invitados por Eugenio Martínez Ostos a su casa, en la cima del monte *Tangolunda*, entonces la única construcción en toda la bahía de ese nombre.

La de Eugenio era una hermosa casa de madera, fabricada en Inglaterra y armada aquí, con portales a los cuatro rumbos del universo, pisos de ladrillo, muebles de mimbre y una vista maravillosa. Ahí, después de la comida, mientras el secretario de Estado y el gobernador conversaban, los invitados jugamos dominó, cobijados por la belleza del oriente, la soledad de las montañas del norte, la frescura de la brisa de la *mar del sur* y la gentil hospitalidad de nuestro anfitrión, que brillaba como el sol del poniente.

Eugenio comentaba que muchos años atrás, cuando conoció este hermosísimo lugar, preguntó a los lugareños como podía adquirirlo y ellos respondieron que no era posible. Él insistió y a fuerza de hacerlo obtuvo como respuesta que el terreno que quería estaba dentro de los bienes comunales y por lo tanto era invendible, intransferible e inembargable. El insistió una y otra vez, hasta que finalmente le dijeron que sólo viviendo aquí durante cinco años seguidos, podría acreditar su interés de hacerse comunero, como única forma de obtener el lugar, y así lo hizo, con terquedad y paciencia.

Don Raúl Martínez Ostos, respetado y escrupuloso funcionario con importantes tareas en la secretaría de Hacienda, en Nacional Financiera e incluso como director adjunto del Fondo Monetario Internacional, fue padre de Eugenio, quien desde décadas atrás se enamoró de esta parte de la costa oaxaqueña y por las magníficas relaciones de su papá, él, por cuenta propia y firmemente comprometido, se convirtió en entusiasta promotor y personaje clave en el posterior desarrollo turístico de Huatulco.

Años después, Eugenio, siempre amable y gentil, se convirtió en el primer presidente de la asociación de hoteles de Huatulco. Eugenio fue expropiado e indemnizado igual que los comuneros del lugar, por lo que tuvo que comprar a Fonatur su antigua propiedad. Por mi tarea como director estatal y delegado federal de turismo, me reuní con él varias veces, algunas en su casa en el monte Tangolunda, antes que ahí se construyera el hotel Quinta Real. Era muy sencillo, sin ninguna pretensión, simplemente era una persona feliz. Contemplando el horizonte, con su sonrisa natural, extendía la vista y bromeaba cuando regaban el campo de golf, propiedad de Fonatur, pero que rodeaba su casa: *¡Mira, están regando mis jardines!*

Este paradisiaco lugar a la orilla del mar, aguardó pacientemente su redescubrimiento, que ocurrió en 1984, con la decisión del estado mexicano, presidido por Miguel de la Madrid, de convertirlo en un moderno centro turístico integralmente planeado y se publicó el decreto de expropiación de 21,000 hectáreas del área costera de Santa María Huatulco, a favor de Fonatur. Como medida preventiva para salvaguardar su patrimonio cultural, se iniciaron las exploraciones arqueológicas de salvamento.

Para construir las obras de infraestructura, Fonatur envió de Cancún al experimentado Ing. Daniel Ortiz Caso, que ante la falta de un lugar donde vivir, instaló su refugio en una improvisada palapa, en la colina del monte que preside la Bahía de Santa cruz, con una vista espectacular, haciendo cierta la frase de un afamado arquitecto: *la verdadera fachada de una casa es el cielo.*

Las obras iniciaron con gran ímpetu, bajo la concepción de construir un desarrollo integralmente planeado, que consideró respetar el 75% de la superficie como reserva ecológica y construir sólo en el 25% del territorio restante, con un estilo colonial mexicano contemporáneo. Con tres plantas de tratamiento funcionando, es el único destino de playa que no tira una sola gota de aguas negras al mar.

Las obras se iniciaron en la Bahía de Santa Cruz con el trazo de lo que sería conceptualmente un *pueblo turístico* y los trabajos de topografía para el trazo del centro urbano de *La Crucecita*, en el pequeño valle a donde se reubicarían los comuneros desplazados, delimitando el centro del mismo con la plaza principal y una cuadricula con 3 calles verticales 9 horizontales que llevan desde entonces nombre de arboles.[25]

El magnífico aeropuerto internacional, las amplias avenidas, los canales de desagüe y las tres plantas de tratamiento de aguas, así como los primeros hoteles empezaron a construirse, provocando una gran demanda de mano de obra, de insumos diversos y requiriendo la prestación de múltiples servicios, entonces inexistentes.

Para el arranque de Huatulco hubo que partir prácticamente de cero, por la carencia de todo, alimentos, verduras, materiales de construcción, servicios, medicinas, etc., por ello vale la pena rendir un homenaje a las personas que con su decisión, voluntad, sacrificios, recursos propios y a riesgo de sufrir enfermedades e inseguridades, vencieron todas las dificultades y fueron los pioneros del desarrollo turístico que ahora disfrutamos. Sí omito algo o a alguien, mis disculpas anticipadas por esta frágil memoria.

En la época de la construcción de los hoteles de Tangolunda llegaron cerca de 5000 trabajadores, en su mayoría del Istmo de Tehuantepec, Chiapas y Veracruz, que demandaban alimentos y todo tipo de servicios. Una de las pioneras en hacer comedores para dar abasto a esa comunidad de albañiles en su mayoría, fue sin duda doña Mary Chuy, personaje que se ganó el cariño de todos por su don de gentes y por ello, es uno de los símbolos históricos en Huatulco.

---

[25] Abdías Calles, conversación personal.

El inicio fue sumamente duro, porque se carecía de lo elemental y para comprar carne, frijoles, tomates, refrescos, sal, o cualquier otra cosa, había que hacer un viaje de más de una hora hasta Pochutla y llegar lo mas temprano posible para alcanzar los productos, que se agotaban con facilidad; también en este lugar había que hacer largas filas para hablar por teléfono en la caseta de Héctor Pirsch, *El Telefonito*, o para hacer depósitos o cobros en los bancos Comermex primero, después Banamex; conseguir gasolina o gas para los tanques era toda una proeza; cuando urgía este ultimo producto había que viajar a Salina Cruz a comprarlo. Don Jesús Enríquez, padre de doña Celia fue el primero en vender gasolina.

Para surtir el cemento para las obras llegó de Chiapas un joven empresario llamado Francisco Franco, con Productos Franco; Los hermanos Salinas empezaron a vender cemento a los particulares, pero fue José Rodríguez Ballesteros el primero en establecer una tienda formal, *Bahías,* de materiales de construcción, al que siguió *Jaiana*, de Jaime García de Pochutla. La primera maderería fue establecida por los hermanos Juan y Víctor Gómez Cobos, veracruzanos. La primera empresa de blocks y tubos fue *Tubo Eterno* de Don Carlos Sansores, originario de Coatzacoalcos, Veracruz.

Fueron legendarios los primeros restaurantes en la playa de doña Celia y doña Laya Liborio, así como *El Guayacán* de Porfirio Alcántara, *Frente al Mar* de Jacinta Gisela García y sus hijos Gerardo y Eugenio y *Los Almendros* de Carlos Chavarría y Karina Enríquez. El primer restaurante formal de enfoque turístico fue establecido por don Adolfo García Minutti, afectuosamente conocido como Don Wilo, en recuerdo de su tío Wilfrido, apreciado empresario gastronómico de Cholula, Puebla, que originalmente estuvo ubicado en la esquina de las calles Rosa laurel y Colorín y posteriormente en la plaza principal de la Crucecita.

El primer hotel fue el *Binniguenda,* construido por Fonatur y ubicado en Santa Cruz, que fungió como el primer centro social del Puerto y el lugar donde se recibían a los personajes del mundo financiero, artístico o de la política que se invitaban para promover Huatulco, en tanto se construía *la casa mixteca,* la glamorosa casa de visitas de Fonatur en Tangolunda.

La inauguración del Sheraton en agosto de 1987, inició el arribo del turismo de alto nivel que caracterizó a Huatulco en sus primeros años, siendo su primer gerente don José Pinto, gran impulsor de Huatulco.

Maurice Benzaque, Director de Clubes Med, la sofisticada cadena francesa que puso de moda los hoteles abiertos a la diversión, con gran entusiasmo y venciendo miles de dificultades, culminó la construcción del club Med de Huatulco, el más grande de América Latina. Su Inauguración fue todo un acontecimiento y la fama de su cocina, con sus vinos, quesos, ensaladas, repostería y restaurantes de especialidades, fueron toda una delicia y un gran atractivo para los propios Huatulqueños.

Los grandes hoteles fueron inaugurados formalmente el 5 de noviembre de 1988, el mismo día de la declaratoria inaugural del Desarrollo Turístico de Bahías de Huatulco, efectuada en el parque donde está hoy el café Huatulco, en la bahía de Santa Cruz, por el presidente de la República, Miguel de la Madrid Hurtado, acompañado del gobernador del Estado Heladio Ramírez López y el presidente municipal Guillermo Lavariega Cárdenas.

En la Crucecita el primer hotel formal fue el de don Federico Ruskee. Sergio Fabila tuvo la primera agencia de viajes y fue el primer delegado de Gobierno; El primer médico particular fue el Dr. Javier Velasco; Fernando Zamora, propietario de la actual paletería Zamora, fue el primer proveedor de hielo; *Abarrotes Lily* del estimado matrimonio de doña Mary Cervantes y don Norberto Aragón Ogarrio, se convirtió en el proveedor mayorista indispensable del puerto, así como Cirilo Acevedo de *Abarrotes Santa Cruz*.

En el terreno de la construcción destacan el Arquitecto Antonio Pacheco y sus hermanos Armando y Heriberto de PASA Construcciones, que realizaron las primeras obras urbanas en Santa Cruz, las casas de empleados de Fonatur, así como en el centro urbano de La Crucecita; el Arq. Sergio Orozco de la Llave llegó a Huatulco para la construcción de las primeras unidades habitacionales, Conjunto *Calpan* y el Hotel Flamboyán; el ingeniero Juan Maurer en los desarrollos de los Mangos y Residencial *Chahué* y el Ing. Bernardo Sada Acuña llegó con las unidades habitacionales conocidas como *Procic*, todos ellos están entre los primeros desarrolladores de vivienda; el Lic. Alfredo Báez abrió la primera notaría pública Núm.

54; la familia Treviño procedente de Monterrey abrió la primera arrendadora de automóviles.

El primer periodista fue Thor Solanes, corresponsal de Excélsior, quien fundó *Pacifico, el semanario de la costa*; después figuraron Cecy Flores, quien publicó sociales en *Olas Huatulqueñas*; José Luis Trejo, corresponsal de Noticias y fundador de *Ecos de la Costa*, donde Abdías Calles, *Rambo*, inicio la sección de *coctelísimo;* Ismael Sánchez Zamora primer corresponsal del Imparcial, Reyes Héctor Suárez, director fundador de la primera casa de cultura de Huatulco, de radio televisión Huatulco y corresponsal de Televisa con 6 mil reportajes y notas publicadas durante más de 20 años, además de enlaces en vivo, en los que siempre cuidó que la nota no afectara la imagen de Huatulco y Abdías Calles, continuador de *Huatulcostas,* fundado originalmente por Héctor Pirsch, que ha sido en una publicación cronista de la historia contemporánea de Huatulco. Juan Ruiz Healy periodista estrella del programa *60 minutos* de Televisa y autor de las paginas políticas dominicales del periódico *Novedades* de Don Rómulo O`Farril, quien marcó un hito en la televisión mexicana, vino también como empresario y construyó su edificio frente al hotel Sheraton en Tangolunda, en el cual funcionó la Discoteca *Savage,* de gratísimos recuerdos. Periodista con audaces reportajes y gran profesionalismo, lector infatigable de vasta cultura y finísima sensibilidad para la pintura, me enseñó a apreciar a profundidad el arte oaxaqueño y el valor de una entrañable amistad que ha trascendido el tiempo.

Memorable es también la discoteca *Magic Circus*, fundada por Adolfo García y Paul Emile Guillete en el Hotel Marlín, en Santa Cruz, donde nunca faltaba una botella de Champagne en su mesa; pero fue la llamada *Lambada*, *Tequila* o *Minutti's*, la primera discoteca en funcionar frente a la plaza principal, donde el primer cliente en pedir una botella de whiskey fue don Genaro Gómez Simmons, a quien afectuosamente recuerdo, siempre, con una amplia sonrisa en el rostro. *La Papaya,* ya convertida en leyenda, ha sido durante los últimos 15 años, la preferida por todo tipo de publico.

Para la fundación de la primera escuela particular, el Instituto Tangolunda, se conjugaron las voluntades de Elva Medina, Patricia Saad Said, Cecilia Flores, Matilde López, Sarita de Mendoza. Para la construcción de la iglesia destacó la voluntad y el empeño de Don Norberto Aragón Ogarrio, del padre Toño Arellano y las bellas pinturas que la decoran fueron hechas por artista José del Signo.

El primer concurso para elegir a la Señorita Huatulco se realizó en el año 1991 y resultó un gran acontecimiento, donde todos colaboraron bajo la mano de don José Pinto, gerente del Hotel Sheraton, que demostró que la suma de voluntades da como resultado un evento de altura: 11 participantes patrocinadas por empresas en su mayoría hoteleras, siendo la ganadora Lilian Kubly, bella y joven ejecutiva del hotel Club Med, Abril Comparán en segundo lugar por el hotel *Binniguenda* y Mercedes Caballero de la empresa Cervecera XX Lager, en tercero.

Fue una ceremonia inolvidable, donde la naciente sociedad huatulqueña se hizo presente, con la presencia de las artistas Silvia Pasquel y Stefannie Salas, así como de Juan José Origel, entonces periodista de espectáculos de El Heraldo de México.

Otro evento social memorable y sumamente exitoso, fue el concurso estatal para elegir a la Señorita Oaxaca en el año de 1992, que organizó con entusiasmo el entonces delegado de Turismo José Rodríguez Ballesteros, quien recibió el apoyo de toda la sociedad huatulqueña y de la Asociación de Hoteles, que se llevó a cabo nuevamente en el Hotel Sheraton con el apoyo siempre presente de don José Pinto, Pepe Mucio con Mexicana de Aviación, la participación de Débora Ohanlon, Mercedes Caballero, Norma Aranda, Roxana Fentanes y muchos otras personas e instituciones que colaboraron en el éxito de este certamen, al que asistí como jurado en compañía de la artista Rosa Gloria Chagoyán, el diseñador Armando Mafud y el patrocinador de trajes de baño Catalina.

Viví con intensidad esta parte de la historia de Huatulco porque en 1986 fui nombrado director estatal y delegado federal de Turismo, con Heladio Ramírez como gobernador del Estado y Pedro Joaquín Coldwell, como secretario de turismo. En virtud de este encargo tuve el enorme privilegio de ver crecer este bello desarrollo, desde la construcción de la infraestructura y los hoteles, hasta los primeros vuelos de Mexicana de Aviación, y especialmente los de Aeroméxico, incluyendo su ruta México-Oaxaca-Huatulco y viceversa, que operó con una exitosa y rentable ocupación superior al 70% y que lamentablemente se suspendió el 15 de abril de 1988, cuando la compañía fue declarada en quiebra

El trayecto Oaxaca-Huatulco en el avión de Aeroméxico era increíble, hacía sólo hacia 17 minutos; despegaba del aeropuerto de Oaxaca, daba vueltas en el valle para ganar altura y cruzaba fugaz las imponentes montañas de la sierra madre occidental, en cuyas cimas y laderas cubiertas de bosques, se identificaban también minúsculas parcelas sembradas de maíz. Al rebasar la máxima altura de la sierra, la imagen de la larga línea costera, bañada por la espuma del mar, entraba atropelladamente por la ventanilla del avión, acelerando el pulso de los visitantes, ante la inminente llegada al paraíso.

El diseño del aeropuerto internacional de Huatulco, con una pista de tres mil metros, tuvo un diseño genial, edificios de administración y salas de espera con enormes palapas, que creaban una sofisticada atmósfera y apreciadas desde el aire, eran y son invitación para entrar a un espacio mágico y fascinante.

Otro evento memorable fue el arribo del primer crucero en 1990 y la entusiasta participación de Mariel y Martín Peraza para brindar los primeros servicios en tierra.

El presidente municipal del periodo 1987-1989 fue don Guillermo Lavariega Cárdenas, que se esforzó en mantener el equilibrio entre impulsar el desarrollo y defender los legítimos intereses de su pueblo. Don Guillermo Lavariega entregó el poder municipal a quien fue su secretario municipal, el profesor Fernando Franco Luna, 1990-1992, que también supo mantener el equilibrio entre la defensa del desarrollo y la protección y beneficios para los habitantes locales.

La expropiación de los terrenos a los comuneros huatulqueños dejo insatisfechos a una parte, que se oponían al desarrollo, mientras que otros lo apoyaban. El tema era bastante delicado, por lo que resultaba sumamente importante que el desarrollo fuera incluyente e incorporara en sus beneficios a los antiguos propietarios de la tierra.

No solo los comuneros tenían diferencias entre sí, sino también se generaron dos puntos de vista, aparentemente encontrados, entre el secretario federal de turismo don Antonio Enríquez y el gobernador Heladio Ramírez, aunque ambos perseguían, sin lugar a dudas, el bien de la nación. Don Antonio, eje central en el desarrollo de los centros integralmente planeados en el país, había conseguido un éxito extraordinario en Cancún, a tal grado que alcanzo un enorme reconocimiento internacional y llegó a llamarse el *milagro mexicano*, antes que el crecimiento excesivo, la depredación de la naturaleza, la contaminación urbana y la inseguridad actual, empañaran este privilegiado lugar.

Al iniciar 1987, el reciente cambio del gobierno estatal y el inminente cambio del gobierno federal se reflejaron en menores inversiones y cierta incertidumbre. Merced al ímpetu de don Antonio, las obras de infraestructura y la construcción de hoteles financiados por el estado y vendidos o rentados a cadenas hoteleras de prestigio, avanzaron vigorosamente, lo que impulsó el veloz crecimiento inicial de Huatulco, financiamiento que debería continuar hasta que la propia inercia del crecimiento, provocara la natural concurrencia de las inversiones privadas, lo que pareció frenarse con la llegada del gobernador Heladio Ramírez, quien puso mayor énfasis en el impacto social del desarrollo y una mayor participación de los comuneros y habitantes locales en sus beneficios. Estoy convencido que ambos tenían razón, porque ambos actuaban con plena lealtad a sus propias convicciones para alcanzar lo mejor para el país y para Oaxaca. Nadie es perfecto y nadie tiene la razón absoluta. Y también, todos cometemos errores e incluso, aún actuando de buena fe, pueden producirse sucesos no calculados.

La inauguración del hotel Omni *Zaashila* fue espectacular y en su momento se consideró un éxito más del desarrollo, pero existió una historia oculta que mostró debilidades del engranaje empresarial. Un conocido constructor e inversionista expresó su interés por invertir en Huatulco y solicitó asociarse con el dueño legal de la tierra, Fonatur, quien para facilitar la supuesta inversión, acepto poner el terreno como su aportación para dicha empresa. El inversionista solicitó permiso para hipotecar la nueva empresa hotelera, cuyo único bien tangible era el terreno sufragado por Fonatur, que le fue aceptado y con el crédito que recibió, contrató para edificar el hotel a su propia empresa constructora, a la que pago generosamente, en exceso. Al final, el hotel terminó endeudado por mas dinero de lo que realmente valía, por lo que Fonatur tuvo que intervenirlo, recuperarlo y asumir *las pérdidas,* mismas que quedaron como *utilidades* en manos del supuesto inversionista.

Pero el tema es desde luego, mucho mas profundo. Resultado del colonialismo México es un país mayoritario de pobres y mas acentuado en Oaxaca, cuyos habitantes originales fueron despojados y explotados por siglos, como hemos visto a lo largo de esta historia. Deberíamos regresar a los pueblos originarios la riqueza que les fue arrebatada, y si esto no es posible, porque no se puede regresar al pasado, el deber ético impone hacer el mejor esfuerzo de solidaridad para revertir los niveles de pobreza e ignorancia a los que fueron empujados, y no aprovecharnos justamente de esas condiciones, para hacer mas negocios a su costa. Las inversiones que concurran para aprovechar las potencialidades de la tierra, de su tierra, no deben restringirse simplemente a pagar una supuesta *indemnización* para realizar con la *conciencia tranquila,* lo que en los hechos viene a ser otro despojo, marginando nuevamente, a los propietarios originales, del verdadero negocio. Deben impulsarse esquemas justos, equilibrados, que contemplen en el esquema empresarial, un porcentaje razonable de participación de los dueños originales en la gestión y en los beneficios permanentes de la empresa, no sólo como acto de justicia social, sino para recomponer el tejido nacional, evitar futuros estallidos y mantener en el horizonte del país, la necesaria estabilidad y paz social requerida. En el caso del Estado, su responsabilidad es aún mayor.

Por ello, recuerdo con emoción, el apoyo del gobernador Heladio Ramírez para que los comuneros integrados en una asociación, recibieran y operaran la concesión de la Transportadora Terrestre del Aeropuerto. Ellos, en su mayoría, ni siquiera sabían manejar, pero aprendieron con rapidez en una camioneta tipo Combi que la oficina de turismo puso a su disposición. Después el Gobierno apoyo con un crédito para adquirir sus primeras unidades Ichi Van, para luego dar paso a las modernas camionetas suburbanas. Procesos similares de integración social y desarrollo local empresarial, se vivieron en el transporte urbano de pasajeros, en el llamado Sector Transporte de camiones y volteos y en la cooperativa marítima Tangolunda.

Recuerdo también la llegada del primer vuelo chárter procedente de Canadá, de la compañía *Apple Vacations*, previamente firmado en Toronto en un viaje de promoción, -al que me acompañaron los empresarios turísticos del estado-, merced a los 60 mil dólares de capital de riesgo con los que nos respaldó el secretario de turismo, don Pedro Joaquín Coldwell, cuya suavidad en el trato, su sencillez, sus valores cívicos, su inteligencia y su probada eficacia política, lo convierten en uno de los políticos mas finos de los últimos tiempos.

Para el rescate del bellísimo convento de Santo Domingo en la ciudad de Oaxaca, -ocupado como cuartel por el ejército mexicano- el gobernador Heladio Ramírez pidió al entonces secretario de turismo su ayuda para recuperarlo. Pedro Joaquín invito a cenar al general secretario de la

Defensa Nacional y con suavidad, en un ambiente tranquilo y sin protagonismos ni estridencias publicitarias, en esta historia que hoy develo, concertó con el alto mando del ejército, la entrega al Gobierno del Estado de esta joya de la arquitectura virreinal.

Hombre de hechos, no de promesas. En Huatulco, con una gran delicadeza, con un gran cuidado, con un manejo político impecable y convincente, escuchando y atendiendo las razones y motivos de los comuneros, Pedro Joaquín logró el desistimiento de la revocación del decreto expropiatorio, promovido por algunos habitantes locales, que hacia peligrar el desarrollo turístico de Bahías de Huatulco.

El profesor Fernando Franco Luna, a lo largo de su mandato, con una gran habilidad política, fue construyendo la candidatura de su joven director de obras pública, José Humberto Cruz Ramos, quien fue elegido candidato con la aprobación unánime del consejo político del partido mayoritario en ese momento, el PRI. Posteriormente, el ingeniero José Humberto fue electo diputado local, por lo que lo substituyo Jorge Sánchez Cruz para terminar su primer mandato.

El Ing. José Humberto Cruz Ramos enfrentó con valentía un intento de bloqueo por parte de la sección 22, que pudo haber afectado gravemente las actividades turísticas del incipiente desarrollo, a lo que se opuso con firmeza el joven Presidente Municipal,

En medio de una crisis política por la sucesión municipal en el año de 1995, emergió como candidato sustituto por parte del PRI el ingeniero Alfonso Carrasco Gómez, para el periodo 1996-1999, que supo llevar con inteligencia y tino su mandato municipal.

Mi gestión en Turismo terminó en diciembre de 1992, pero tuve el privilegio de regresar a Huatulco nuevamente como delegado de gobierno en 1995, en lo que considero una de las etapas mas bonitas de mi vida, que disfrute profundamente con Rebequita y mis dos pequeños hijos, Juanito y Rebequita, quienes todas las tardes salían a la calle a corretear iguanas y a jugar con los otros niños, hijos de los vecinos, sin que los papás tuviéramos preocupación alguna, por el paso de vehículos, por algún peligro o porque alguien pudiera dañarlos; todos los niños salían a jugar a la calle con una seguridad total que hoy es difícil imaginar. Se convirtieron en magníficos nadadores y a los 8 y 10 años de edad, podían atravesar media bahía del precioso mar huatulqueño.

Huatulco estaba de moda, se celebraban continuamente convenciones nacionales de todo tipo y recibía frecuentes visitas del presidente de la república, de mandatarios extranjeros, de empresarios destacados, artistas sublimes, secretarios de estado o deportistas extraordinarios como Hugo Sánchez, que llegó en la cúspide de su fama, como máximo goleador de la liga española. El gobernador Diódoro Carrasco a veces tenía que estar hasta tres veces a la semana para atender a los distinguidos visitantes, usualmente en la legendaria casa mixteca, ubicada en

Tangolunda, diseño de un arquitecto de renombre que contaba entre otras cosas, con su propia playa.

La Casa Mixteca recibió a los presidentes de tres administraciones, Carlos Salinas de Gortari, -quien estuvo ahí un fin de año, justo para recibir la noticia, el primero de enero de 1994, del alzamiento zapatista-, Ernesto Zedillo y Vicente Fox; también fue ocupada por invitados distinguidos como los reyes de España, personalidades de otros gobiernos o de organismos internacionales, como ejecutivos del Banco Mundial.

Era una construcción con interpretación modernista del estilo colonial mexicano, que en distintos niveles, lucía grandes ventanales, acabados artesanales, hermosos tejados y una bella palapa junto a la playa, con todos los servicios, como si fuera un exclusivo hotel. Contaba además con grandes jardines y exuberante vegetación tropical, cuidados en forma permanente por Fonatur, incluyendo los servicios de chef, cocineras y camaristas, asi como su propia lavandería.

Su función la cumplía a cabalidad, como centro de las relaciones publicas que un desarrollo en pleno crecimiento, requería para recibir el impulso de inversionistas, políticos, administradores, financieros, periodistas o personajes que ayudaran a difundir las innumerables bellezas de Huatulco. Cuando el gobernador no podía estar en Huatulco para recibirlos, me encargaba esa grata tarea y mi oficina fungía como una minúscula embajada. Siempre que fui al aeropuerto a recibir a algún personaje, era notorio que éste había dejado atrás las prisas y presiones de su oficina o de la gran ciudad, porque aparecía en las escalerillas del avión con una amplia sonrisa, que delataba su satisfacción y alegría adelantada por pisar este ensueño.

Lamentablemente, en un claro abuso de poder, Vicente Fox remató la *casa mixteca* a Ricardo Salinas Pliego en *abonos chiquitos* y aceptó pagos complementarios *por difusión* en su televisora. En septiembre de 2002, ante el notario público José Luis Villavicencio Castañeda, funcionarios de Fonatur y el comprador, firmaron el atropello a la nación.

Recuerdo una tarde en la *casa mixteca*, después de una gira realizada con el entonces secretario de salud, Dr. Juan Ramón de la Fuente, sentados en la frescura de la terraza y concluidos los temas oficiales, le comenté de la entonces inexplorada zona arqueológica de Copalita, y grande fue mi sorpresa cuando, con gran interés, me pidió que lo llevara a visitarla a la mañana siguiente, lo que hicimos puntualmente. Pocos años después entendí su alto interés por la arqueología y por Oaxaca, cuando su madre la doctora Beatriz de la Fuente, investigadora emérita de arte, directora de la Escuela de Historia del Arte de la Universidad Iberoamericana y del Instituto de Investigaciones Estéticas de la UNAM, fundadora del Comité Mexicano de Historia del Arte, Premio Nacional de Ciencias y Artes, Premio Universidad Nacional, Premio Tatiana Proskouriakoff por el Museo Peabody de la Universidad de Harvard y reconocida como la mayor especialista en el arte milenario de los antiguos mexicanos,

Consulta Estatal para el Turismo. 1992. Campaña del Lic. Diódoro Carrasco Altamirano para Gobernador del Estado de Oaxaca, En la fotografía aparecen Jesús Murillo Karam, Miguel Alemán Velasco y Fernando Franco Luna.

donó al pueblo de Oaxaca su extraordinaria colección de libros sobre arte, que se conservan en una preciosa biblioteca perteneciente a la UNAM, en un antiguo y bello edificio ubicado frente a la señorial catedral de Oaxaca, abierta al público y que les recomiendo visitar.

Otro evento agradable en las tareas del rescate arqueológico de Copalita, fue la presentación de la Orquesta Sinfónica de Oaxaca dirigida por el maestro Javier García Vigil, con boleto pagado y cena incluida para recaudar fondos, que se llevó a cabo en el bello escenario de *Noches Oaxaqueñas* merced a la generosidad de sus propietarios doña Cecy y don Adolfo García Minutti. Para aprovechar el desplazamiento de la Orquesta Sinfónica de Oaxaca, también se organizó una audición gratuita en el recién construido Lienzo Charro de Santa María Huatulco, a la que acudieron tres mil personas, que escucharon fascinados el concierto didáctico preparado por el maestro Javier García Vigil. A la salida, cerca de las 12 de la noche, pregunté a una mujer del pueblo que llevaba de la mano a sus dos hijos, todos descalzos, su opinión sobre el concierto y ella exclamó, con deliciosa espontaneidad:

¡Sí esta música tocara toda la noche, toda la noche me quedaría!

La tarea más importante que realizó el patronato conformado por miembros de la sociedad civil fue convencer, primero a Eduardo López Calzada, director regional del INAH en Oaxaca y posteriormente a los presidentes del Consejo Nacional de Arqueología, Norberto González Crespo y Joaquín García Bárcena, quienes sin titubeos, otorgaron su apreciada aprobación.

Reunión del Patronato con el presidente del Consejo Nacional de Arqueología Norberto González Crespo.

Visita a Copalita de Bob Miller, Gobernador de Nevada, EEUU,

Existía en 1996 una invasión de 300 paracaidistas en Arroyo Xuchil, que duraba ya cuatro años en el lugar y donde nadie ajeno podía entrar. El "líder social" ejercía un férreo control, cobraba piso, amenazaba con desalojar a las familias que vivían ahí, si no pagaban su cuota mensual o no asistían a sus bloqueos y plantones, e incluso tenía ahí mismo su propia cárcel, como amo y señor. Siempre se negó a las propuestas de reubicación de la autoridad, exigiendo incluso indemnizaciones desorbitantes, a pesar de que era él quien violaba la ley y la alternativa era usar la fuerza pública para desalojarlos, con riesgo que un herido o un muerto en el operativo, incendiara Huatulco. Con la ayuda decisiva del presidente municipal Alfonso Carrasco y del director de Fonatur Enrique Santoveña, quienes aportaron su pleno apoyo y total compromiso, diseñamos juntos un plan de reubicación y establecimos contacto, -en secreto-, con cada uno de los invasores, sin intermediarios, con quienes se firmó un acuerdo que logró, pese a la oposición manifiesta y total del *líder*, una reubicación pacífica y tranquila, sin necesidad de utilizar la fuerza pública y sin disparar un solo tiro.

El primer centro de estudios universitarios que llegó a Huatulco en 1991, fue la Universidad del Mar, con especialidad en estudios turísticos, merced al esfuerzo del apreciado Doctor Modesto Seara Vázquez, Rector del sistema de universidades del Estado de Oaxaca. Este extraordinario educador fue invitado para fundar la Universidad Tecnológica de la Mixteca y para ello recibió una bodega abandonada y un terreno enmontado, que a los pocos años, convirtió un una de las mejores universidades de México. Es un reconocido educador, firme e inflexible, que señala tajante, que *educación que no es de calidad, no es educación,* y por ello demanda que sus maestros posean la mayor preparación académica y a sus alumnos exige el mejor aprovechamiento, con tan magníficos resultados, que en los exámenes del Coneval sus estudiantes ocupan los primeros lugares, incluso sobre alumnos del la UNAM, del Tecnológico de Monterrey o de la Universidad Iberoamericana, lo que le ha permitido tener egresados muy bien preparados.

Los diversos gobernantes del Estado, atentos a sus magníficos resultados en materia educativa de vanguardia, le han pedido, y él lo ha hecho, construir con gran éxito el sistema estatal de universidades de Oaxaca.

Nacido en España, doctorado en la Sorbona, respetado académico, autor de 35 libros, dueño de una cultura y una disciplina admirables, él, que es un hombre de extraordinaria inteligencia, entre todas las partes bellas de Oaxaca, escogió Huatulco para vivir. Un día le comenté que enviaría a mi hija Rebequita a estudiar un semestre en España, porque yo, *-le dije-* cuando estudié y viví en España, entendí muchas cosas de México. - *¡Y todos los españoles deberían vivir alguna vez en México, para entender mejor a España!* -, fue su interesante y relampagueante respuesta.

Huatulco registra cada día un sólido crecimiento, a ritmo lento, pero que ha hecho posible cuidar este desarrollo turístico, respetuoso de las normas urbanas y ecológicas que se impuso, a diferencia de otros lugares que han sido rebasados por un crecimiento acelerado y caótico. La discusión inicial si la expropiación benefició o no a los comuneros, ha sido superada por los hechos. Los habitantes originales han encontrado no sólo empleos, sino muchas oportunidades de negocios propios, servicios de salud, acceso a instituciones educativas, mejores servicios municipales y una mayor calidad de vida. Los visitantes, encuentran todas las comodidades, aeropuerto internacional, muelle para cruceros, marinas, servicios de agua potable y electricidad garantizados, plantas de tratamiento, campo de Golf, grandes y bellos hoteles, restaurantes de calidad, magníficos servicios, playas bellísimas y la generosa hospitalidad de los Huatulqueños.

Las autopistas Oaxaca-Costa y Oaxaca-Istmo, en lenta construcción desde hace varios años, vendrán a darle el impulso final a la consolidación de uno de los mas bellos lugares del planeta, que suma a la fascinante belleza de su paisaje, la riqueza de su cultura y la profundidad de su historia milenaria.

Fin.

Bibliografía

Raúl Matadamas Díaz y Sandra Liliana Ramírez Barrera. *Antes de Ocho Venado y después de los piratas. Arqueología e historia de Huatulco.*

José Luis Martínez. *Documentos Cortesianos.* Universidad Nacional Autónoma de México. Fondo de Cultura Económica.

Charles Brasseur. *Viaje al Istmo de Tehuantepec.* Fondo de Cultura económica. México.

Paul Westheim. *La cerámica del México antiguo.* UNAM. 1962.

Nahui Ollin Vázquez Mendoza. *Huatulco, Oaxaca: un análisis de sus títulos primordiales a partir de su historia, territorio, economía y estructura sociopolítica novohispana.*

Nahui Ollin Vázquez Mendoza. *Pueblo a orilla del mar. Huatulco en el siglo XVI (1522-1616)* Secretaría de las Culturas y Artes de Oaxaca.

Juan Manuel Yáñez García. *Entre fuego e idolatrías: discursos y tensiones del culto a la Santa Cruz de Huatulco.* Facultad de Filosofía y Letras, UNAM

Méndez Martínez, Enrique y Méndez Torres, Enrique *Historia de los Pueblos Indígenas de Oaxaca.* Extractos de las obras escritas por el Fraile Dominico Francisco de Burgoa.

Eulogio Gillow *Apuntes históricos.* Imprenta del Sagrado Corazón, México, 1889. Facsimilar de Ediciones Toledo de 1990.

Fray Juan de Torquemada, *Monarquía Indiana*, Ed. Porrúa, México, 1969.

Fray Antonio de Remesal, *Historia general de la Indias Occidentales y particular de gobernación de Chiapas y Guatemala*, Ed. Porrúa, México, 1988,

Francisco de Burgoa, *Geográfica descripción de la Parte septentrional del Polo Ártico de la América*; Juan Ruiz, México tomo II.

José Antonio Gay, *Historia de Oaxaca*, Ed. Porrúa, México, 2002.

Laura Machuca Gallegos. *Comercio de sal y redes de poder en Tehuantepec en la época colonial.* Ediciones de la Casa Chata.

Guadalupe Pinzón Ríos. *Descubriendo el Mar del Sur de los puertos novohispanos en las exploraciones del Pacífico (1522-1565)"*

Jorge g. Marcos. *Los pueblos navegantes del Ecuador prehispánico*. Ediciones Abya-Yala. Impreso en Quito, Ecuador. 2005

Itinerario de la armada. Colección de documentos para la historia de México.Tomo Primero. Publicado por Joaquín García Icazbalceta

Antonio Mira Toscano. *Andrés de Urdaneta y el tornaviaje de Filipinas a Nueva España*. Universidad de Huelva (España)

René Acuña. *Relaciones Geográficas del siglo XVI. Antequera.* Tomo primero. UNAM. México.